AF501945

OBSERVATIONS

SUR LE

GOUVERNEMENT REPRÉSENTATIF.

L'auteur et l'éditeur déclarent réserver leurs droits à l'égard de la traduction en Langues étrangères, notamment pour les Langues Allemande, Anglaise, Espagnole et Italienne.

Ce volume a été déposé au Ministère de l'Intérieur (Direction de la Librairie).

PARIS. — TYPOGRAPHIE DE HENRI PLON,
IMPRIMEUR DE L'EMPEREUR,
8, rue Garancière

OBSERVATIONS

SUR LE

GOUVERNEMENT REPRÉSENTATIF

SUIVIES

D'UN APERÇU SUCCINCT

SUR

L'ORIGINE ET LE PRINCIPE DE LA SOUVERAINETÉ.

SECONDE ÉDITION

CORRIGÉE ET AUGMENTÉE.

PARIS

HENRI PLON, ÉDITEUR

8, RUE GARANCIÈRE

1857

L'auteur et l'éditeur se réservent le droit de traduction à l'étranger

AVERTISSEMENT.

Dans cette seconde édition sont jointes au texte primitif plusieurs nouvelles observations relatives aux théories politiques du temps, ainsi qu'un aperçu succinct sur l'origine première, le principe, les conditions, les droits et les devoirs de la souveraineté, considérés sous le point de vue du catholicisme.

OBSERVATIONS

SUR LE

GOUVERNEMENT REPRÉSENTATIF.

DISCOURS PRÉLIMINAIRE.

Si l'histoire n'est, comme on l'a dit, qu'*une fable convenue*, cette sentence ne paraît pas devoir se rapporter à l'histoire de la révolution française. Les faits qui caractérisèrent cet immense événement, la publicité qui les accompagna, les calamités qui en furent la suite, ne permettront pas à l'esprit de parti de pervertir le jugement plus calme de la postérité. Les matériaux nombreux et irréfragables que des écrivains consciencieux ont recueillis, révéleront la vérité dans tout son jour. Les histoires romanesques publiées dans les temps modernes, dans l'intention de flatter les passions, d'exalter les bienfaits de la révolution sociale et politique, de justifier ou même de préconiser les auteurs des crimes d'une époque désastreuse, seront ensevelies dans l'oubli et perdues en grande partie, tandis que les documents sérieux et les pièces authentiques seront conservés et consultés. La postérité jugera sans appel; car il viendra un temps où l'expérience aura fait connaître les résultats définitifs et irrévocables de l'œuvre présomptueuse des législateurs improvisés qui, en 1789, convertissant les états généraux du royaume en une assemblée constituante, imposèrent à la France une constitution utopique qui fut bientôt suivie de plusieurs autres du même genre.

La tourmente qui agite la société en Europe est attribuée, à juste titre, à l'esprit philosophique qui, depuis longtemps, s'est ingéré dans le domaine de la politique. La philosophie, ayant la discussion pour objet principal, ne saurait s'élever à la hauteur d'une croyance et d'une foi solide; les systèmes politiques qu'elle prétend fonder n'acquièrent aucune stabilité; et les controverses, en démolissant les diverses doctrines constitutionnelles, sapent les fondements du gouvernement, dont elles entraînent inévitablement la chute.

La démocratie, drapeau de tout le parti philosophe qui suit la carrière de la politique, n'est pas interprété de la même manière par les nombreux adorateurs de cette idole du jour; chaque parti veut la définir et l'introniser à sa guise. Du sein de cette doctrine se sont élevés deux partis opposés, dont l'un a voulu la modifier par l'aristocratie électorale de la richesse, l'autre la conserver dans toute sa pureté par le suffrage universel. De cette lutte des opinions et des intérêts provinrent de grands troubles, une guerre acharnée, enfin des catastrophes révolutionnaires!

Quels qu'aient été les divers modes et formes de gouvernement institués par les doctrinaires constitutionnels pour mettre en œuvre les spécieuses théories du libéralisme, leurs essais n'ont abouti jusqu'ici qu'à des dénoûments qui paraîtront un jour tragi-comiques.

Le principe de la souveraineté du peuple, prêché dans le *Contrat social* de J. J. Rousseau, repose sur une idée abstraite. Le peuple, dans une acception générale, comprend l'humanité entière. L'ensemble des mortels est donc, comme être collectif, le seul souverain légitime sur la terre. Le genre humain serait en droit de délibérer en commun, de se constituer régulièrement, de former des tribus distinctes, de tracer les limites territoriales de chacune. Mais lorsque les peuples seront ainsi divisés, deviendront-ils indépendants les uns des autres? Chacun d'eux se gouvernera-t-il librement, sans l'intervention des autres? Toutes les nations auront-elles des droits égaux? Vivront-elles en paix ou en guerre? Quel sera le mode d'élection le plus propre à rendre manifeste la volonté de la majorité des citoyens actifs? Cette volonté du peuple exercera-t-elle une puissance sans bornes? Une constitution est-elle un contrat entre les gouvernants et les gouvernés, ou bien est-elle une convention entre les hommes eux-mêmes, selon le droit personnel et souverain de chacun? Comment et par qui seront exercées les fonctions de la souveraineté? Sur tous les points qui concernent un sujet si étendu, il ne se rencontre qu'incertitude, contradiction et divergence d'opinions.

Le système imaginé et développé par le citoyen de Genève admet une hypothèse dont l'histoire ne fournit aucun exemple : « Il faut, dit-il, qu'une » nation, pour se former, commence par se réunir » dans une délibération générale et unanime, par » laquelle chacun des citoyens met en commun sa » personne et toute sa puissance, sous la suprême » direction de la volonté générale, et devienne, par » cet acte d'association, partie indivisible du tout, » et que la souveraine autorité réside dans l'expres- » sion de la volonté du peuple. »

A cette première maxime, Rousseau ajoute une seconde fiction; il prétend que : « les individus, » abdiquant leur volonté personnelle, transmettent, » par la majorité des votes, à un certain nombre de » représentants, toute leur puissance, leurs moyens, » pour contraindre la minorité à obéir aux ordres » de leurs représentants législateurs. »

Toutefois, il advint, lors de la fondation de la république une et indivisible de 1793, comme en juillet 1830, en février 1848, de même qu'en Allemagne et en Italie, que les piques et les mousquets tinrent lieu de la délibération générale et unanime du peuple. La violence jouant alors le rôle de la majorité, c'est au système de la terreur que conduisent, en dernière analyse, les théories démocratiques, toujours impuissantes dès qu'il s'agit d'établir un mode électoral exempt de fraudes, de brigues et d'intrigues. Au fond, le *Contrat social* n'offre qu'une doctrine qui n'est appuyée sur aucun fait. Ce livre prétentieux renferme néanmoins un singulier amalgame de vérités et d'erreurs : ce genre d'argumentation semble propre à l'esprit et au caractère du philosophe genevois, dont l'art et le talent consistent à présenter des idées souvent contradictoires, comme autant de preuves à l'appui de son système paradoxal.

Le *Contrat social* de J. J. Rousseau est un ouvrage remarquable en ce que dans cet écrit a été, pour la première fois, posé et précisé dans son ensemble le problème de la souveraineté du peuple, dont les doctrinaires rationalistes recherchent et poursuivent avec persévérance la solution dans les constitutions modernes. Voici les termes dans lesquels l'auteur énonce cette bizarre proposition, qui depuis 1789 a fait fortune, et rendu populaire sur le continent de l'Europe le constitutionnalisme libéral : « Trouver » une forme d'association qui défende et protége, de » toute la force commune, la personne et les biens » de chaque associé, et par laquelle chacun, s'unis» sant à tous, n'obéisse pourtant qu'à lui-même, et » reste aussi libre qu'auparavant. »

Les idéologues, tels que Royer-Collard et beaucoup d'autres, ont appuyé de toute la magie de leur talent oratoire cette proposition métaphysique de l'aliénation totale des droits de chaque associé à toute la communauté.

Le pacte social se réduit donc à cette simple expression : « Chacun de nous met en commun sa per» sonne et toute sa puissance sous la suprême direc» tion de la volonté générale, et nous recevons en » corps chaque membre comme partie indivisible du » tout. A l'instant, cet acte d'association (intitulé la » Charte) produit un corps moral et collectif (dit la » Nation), composé d'autant de membres que l'as» semblée a de voix, lequel reçoit de ce même acte

» son unité, son moi commun, sa vie et sa volonté.
» Ce corps politique sera appelé État, quand il est
» passif; Souverain, quand il est actif; Puissance,
» à l'égard des étrangers. »

Laissons à J. J. Rousseau le mérite d'avoir exposé, avec la franchise d'un républicain, les preuves et les clauses du pacte ou contrat social telles que son esprit rêveur les représentait à son imagination. Malheureusement les constitutionnels, trop fidèles à ses leçons, se mirent à l'œuvre pour rédiger les constitutions de différentes manières. Ainsi, assemblée nationale, chambre héréditaire, pairie à vie, chambre législative, division et contrôle des pouvoirs, monarchie constitutionnelle, république démocratique, lois d'élection, lois de la presse, etc., etc., tout fut mis à l'essai. Toutefois il ne fut pas en leur pouvoir de donner au constitutionnalisme quelque stabilité, et ils ont pu voir avec autant d'étonnement que de regret, la France applaudir, en 1851, à la chute de ce régime comme à un bonheur public.

Quel sera le sort des autres États constitutionnels sur le continent de l'Europe, comme l'Espagne, le

Portugal, le Piémont, la Toscane, la Belgique, la Bavière, le Wurtemberg, la Prusse, la Saxe, le Hanovre, Baden et Darmstadt? Les faits répondront à cette question d'une manière plus catégorique que toutes les savantes dissertations des publicistes.

C'est à tort qu'on a souvent cité, comme preuve de l'excellence du système parlementaire, les républiques anciennes et modernes, et surtout l'Angleterre, dont la puissance et les richesses sont en effet parvenues à un très-haut degré; mais *comparaison n'est pas raison*, dit le proverbe. La constitution anglaise, jusqu'à l'époque des réformes qu'elle a subies depuis quelques années, était une puissante oligarchie gouvernant la royauté [1], tandis que les constitutions actuelles du continent portent plus particu-

[1] En Angleterre, la démocratie, entrée récemment dans l'esprit du peuple, a dès à présent créé un parti nouveau qui, devenant plus exigeant, prépare lentement le triomphe des chartistes. Des symptômes nombreux présagent une catastrophe inévitable, qui fera descendre l'aristocratie britannique de la haute et puissante position qu'elle occupait, et placera la nation dans les mêmes conditions modestes d'égalité où se trouvent les états démocratiques du continent

lièrement le caractère d'une monarchie démocratique. On a également cité l'exemple des États-Unis d'Amérique, dont les forces et la puissance se sont rapidement développées depuis un demi-siècle; ce laps de temps est trop court pour prouver la stabilité des institutions démocratiques qui régissent ces pays. Cette belle colonie devait sa naissance et ses premiers progrès à la protection de la métropole qui l'avait créée, et dont elle a secoué le joug lorsqu'elle n'avait plus besoin d'appui.

Le principe de la souveraineté du peuple fut le prétexte, le mot d'ordre, la bannière, plutôt que le vrai motif de l'insurrection américaine; et si ce principe révolutionnaire triompha, ce fut par l'intervention des armées du monarque français, qui ne prévoyait pas les malheurs que son imprudence devait attirer sur sa famille et son royaume.

L'Amérique indépendante est devenue une grande puissance fédérative; l'étendue de son territoire et l'agglomération d'États et de nationalités diverses dont cette république est composée, excluent chez elle la centralisation gouvernementale; mais, lorsque la rivalité des intérêts aura amené des conflits et des guerres inévitables, l'avenir du nouveau monde n'échappera pas aux péripéties qu'entraînent sans cesse la fortune et les circonstances.

Les républiques de l'Italie et de la Suisse n'avaient pas pour base le système représentatif : elles étaient des gouvernements aristocratiques ou des oligarchies. Les sept petits cantons catholiques de la Suisse sont les seuls États démocratiques que l'on puisse citer.

Quant aux républiques qui existaient anciennement à Rome et dans la Grèce, on y voit la domination des familles patriciennes et des citoyens libres en regard de l'esclavage des artisans de tous les métiers. Il n'était point alors question d'idées, ni de principes de libéralisme et d'égalité. A Athènes, à Sparte comme à Rome, la démocratie était loin de signifier les droits naturels de l'homme : les citoyens libres, les chevaliers romains et les patriciens, formaient trois classes privilégiées. Les esclaves privés de liberté et même de protection, ne faisaient pas partie de la société. Le gouvernement était essentiellement oligarchique. Le sénat romain exerçait la souveraineté, non comme le représentant, mais comme le tuteur du peuple, son pupille, qui avait ses tribuns pour défenseurs de ses intérêts. La république était désignée par l'expression : *Senatus populusque Romanus*. Le sénatus-consulte était la loi souveraine.

En matière politique, toute similitude que la philosophie de l'histoire cherche à établir entre l'antiquité et l'état actuel de l'Europe manque d'exactitude, et n'offre qu'un vaste thème de fausses comparaisons et de conjectures peu fondées. Les événements fortuits et les combinaisons infinies que présentent les actions des hommes font que l'avenir ne saurait jamais devenir la reproduction du passé.

Les gouvernements sont successivement tombés dans le cours de l'année 1848. Le règne des Césars, prédit par M. Romieu dans un écrit plein de sagacité, ne tardera pas à succéder aux imprudents essais de républiques démocratiques. Toutefois, aucune analogie ne saurait exister entre l'ancien et le nouveau césarisme. L'empire romain avait hérité de la république tout un système d'administration et d'institutions anciennes. Les classes prépondérantes de la société étaient elles-mêmes intéressées à l'établissement d'une autorité militaire et souveraine, qui, faisant cesser les discordes et les troubles civils, leur garantissait la conservation de leur haute position, ainsi que des priviléges qui s'y rattachaient, comme Virgile disait : « *Deus nobis hæc otia fecit.* »

Pendant plus de trois cents ans, il n'y eut pour gouverner un si grand État qu'un seul empereur, qui ne montait sur le trône ni par l'hérédité ni par l'élection, mais par la puissance et l'autorité militaire à laquelle il était déjà parvenu. La victoire était un titre légitime, reconnu par le sénat même. La mort était le sort réservé à tout concurrent malheureux. Plus tard, Rome et Constantinople devinrent les résidences de deux empereurs, et deux capitales d'un même empire, dont le sénat représentait moralement l'indivisibilité. Sans l'invasion imprévue de tant de peuples barbares qui entraînèrent sa chute, l'état politique de ce vaste empire, dont la religion catholique, devenue dominante, adoucissait les mœurs, pouvait subsister encore quelque temps sur le même pied que par le passé; le gouvernement, en occupant militairement toutes les provinces, les retenait dans l'obéissance. Il n'en sera plus de même dans l'Europe moderne, qui compte beaucoup de souverains et de puissances rivales, dont l'ambition aspire à l'agrandissement de leurs États, quoique leur autorité ne rencontre pas toujours un appui assez puissant dans la fidélité de leurs propres sujets.

Le césarisme, ayant pour unique principe la nécessité des temps actuels, ne saurait avoir une bien longue durée : son propre intérêt, sa tendance empressée d'arriver finalement à la monarchie, et la force impérieuse des choses, le porteront à transiger avec les nationalités, sur d'autres et de meilleures bases que le système représentatif; car l'hérédité de la couronne sera toujours à ce prix.

Ce n'est point une dissertation sur l'histoire de la révolution que contiennent les cinq chapitres suivants, mais une courte récapitulation d'observations générales sur les nouvelles théories politiques et sur les événements qui en furent la conséquence. C'est aussi une réminiscence des maximes de l'ancien régime européen, une vieille thèse tombée dans l'oubli et reproduite ici dans un style concis, sans ornement et sans art.

Dans le dernier chapitre se trouve l'exposé du problème d'une constitution monarchique dont la solution est réservée à des temps plus heureux.

CHAPITRE PREMIER.

DE L'INSUFFISANCE DES THÉORIES POLITIQUES ET GOUVERNEMENTALES DU DIX-NEUVIÈME SIÈCLE.

I.

Une triste et fatale erreur, dans laquelle sont tombés les politiques de l'école moderne, a été de vouloir soumettre les événements, l'art de la politique et la société elle même aux dogmes de l'idéologie philosophique. Ces théoriciens, attachés à leurs principes, sont restés dans la ferme conviction que le monde doit s'assujettir au système de gouvernement fondé sur leur doctrine de prédilection. Le champ de la politique est devenu, sous leur empire, une arène ouverte aux rhéteurs, aux sophistes, aux publicistes, aux romanciers, aux journalistes, dont les imprudentes déclamations ont exalté l'insatiable ambition de la démagogie. Les doctrinaires ne sont-ils pas eux-mêmes la cause des malheurs qu'ils déplorent et des fréquentes révolutions qu'ils n'ont pu détourner, lorsqu'ils tenaient en main les rênes de l'État et présidaient à la législation?

Le gouvernement de la tribune et le régime de la liberté politique ont rendu les peuples le triste jouet des habiles conspirateurs : tel fut jusqu'ici le fruit du système utopique de la souveraineté populaire. Ne serait-il pas permis d'espérer que ces mêmes peuples auront un jour le bon sens d'abdiquer un vain titre, sans vérité comme sans profit? Les événements n'ont que trop fait voir l'instabilité de ces constitutions éphémères, qui se métamorphosent avec une merveilleuse facilité.

La révolution passant ainsi par diverses phases, n'arrive à aucun dénoûment. Les efforts tentés, à diverses reprises, par les chefs d'un parti modéré et honnête, dans le but de respecter les dogmes proclamés en 1791, au nom desquels la révolution s'était accomplie, et de les concilier avec l'ordre et la sécurité du gouvernement, furent des entreprises manquées. Entraînés dans ces dangereuses théories, ils avaient conçu l'espoir de restreindre la portée et de prévenir les conséquences extrêmes du principe démocratique, pour arriver à un juste milieu. Trop confiants dans leurs talents et leur éloquence, ils ne craignaient pas de louvoyer entre les écueils, sans prévoir le naufrage inévitable du vaisseau.

Les constitutionnels se figurent qu'il suffit de transformer un principe en une loi écrite, pour lui donner de la vie et de la consistance; leur idée fixe est qu'une charte votée et décrétée devient l'objet d'un culte public; qu'une assemblée représentative possède une force, une vertu singulière, et que dans la liberté de la presse, dans les luttes parlementaires, se trouve le remède à tous les abus, le gage le plus sûr de la tranquillité et du bonheur public.

Louis XVIII, imbu de ces mêmes idées, se faisait illusion lorsqu'il prétendait fermer l'abîme des révolutions par l'octroi d'une charte modelée sur le système anglais, sans aucune des institutions oligarchiques sur lesquelles reposait le gouvernement d'Angleterre.

Au retour du roi, en 1814, la France fatiguée de la révolution et des longues guerres, était royaliste, la chambre de 1815 en est une preuve; après l'ordonnance du 5 septembre de la dissolution de cette chambre, dite *introuvable*, elle devint constitutionnelle, *regis ad exemplum*, et finit enfin par abolir la légitimité dynastique et jusqu'à la royauté même.

Il est malheureusement une grande et triste vérité que, dans les temps où nous sommes, il importe de reconnaître et de signaler; c'est que les gouvernements actuels, quels qu'ils soient, n'ont plus d'autres moyens que la force matérielle, pour prolonger leur existence. Leur règne est uniquement fondé sur de volumineux bulletins de lois, d'ordonnances, de règlements administratifs et financiers, sur un système de centralisation et de bureaucratie et sur les plus habiles mesures de police générale. Mais le malheur est qu'ils n'ont point de racines dans le sol de la patrie, qu'ils ne trouvent point d'appui dans la population, parce qu'il n'existe aucune institution de sage prévoyance capable d'entretenir l'harmonie et l'union dans la nation, de prévenir les choix dirigés contre l'État par des bandes de conspirateurs hardis, ou de s'opposer à toute agression et empiètement que le pouvoir souverain, en quelques mains qu'il soit, est trop souvent tenté de faire contre les droits et les intérêts nationaux.

Ce n'est point en revisant et en modifiant les constitutions représentatives que le problème de la politique trouvera une dernière et durable solution. Ces remaniements de la législation ressemblent au travail des Danaïdes, et ne rempliront jamais le vide qui a été fait en démolissant l'édifice social.

Le peuple ne forme plus un corps de nation dès qu'il n'est qu'une agglomération de familles isolées, soumises au gouvernement central des hommes politiques élevés au pouvoir.

Louis XIV avait dit : « L'État, c'est moi! » L'assemblée nationale de 1848, osant davantage, proclama à la face de la France : « La nation, c'est moi! » En effet, le principe constitutionnel par lequel, suivant l'expression de l'éloquent orateur que nous avons déjà cité, M. Royer-Collard, la société entière passe dans son gouvernement, entraîne la conséquence de l'omnipotence parlementaire. Malheureusement, cette fausse conception a passé dans la pratique, et c'est ainsi qu'au despotisme monarchique a été substitué le despotisme des chambres. Les abus de ce régime sont devenus de plus en plus frappants. Les finances de l'État sont dissipées par des dépenses toujours croissantes, les impôts s'élèvent en pleine paix au delà des besoins réels. Les journaux, et l'opposition elle-même, sont souvent, au grand détriment du bien public, une pure spéculation financière. Ce qui est plus triste encore, c'est que la corruption est un rouage du gouvernement, un artifice, une nécessité de la politique, un moyen adroit d'intrigues ministérielles. Les parlements s'arrogent, au nom du peuple, une souveraineté temporaire à la vérité, mais cependant absolue; et pour maintenir les populations dans l'obéissance, ces gouvernements se trouvent dans la fatale nécessité d'avoir recours à la force des armées régulières, qui forment aujourd'hui le seul pivot de l'autorité. Mais être toujours armé de pied en cap, avoir à repousser les attaques d'une opposition systématique, à surveiller les conspirations, à réprimer les hostilités d'une presse turbulente ou à combattre des révoltes et des soulèvements fréquents, est, il faut en convenir, le plus triste des systèmes politiques qu'on ait pu concevoir, car c'est un état antisocial.

La force morale devient un mot vide de sens, et la loi reste sans appui quand l'amour des nouveautés et du changement domine les esprits. Il arrive souvent que, dans les moments les plus critiques, les moyens de défense s'évanouissent comme par enchantement, le fantôme qui représentait la souveraineté disparaît. Le gouvernement passe en d'autres mains, mais le système reste avec tous ses défauts. Aucun remède n'est apporté au plus grand mal de notre époque, à cette décomposition et désorganisation sociale qui n'a laissé sur le sol qu'une table rase.

On rejette par préjugé ce que les coutumes et les institutions du passé pouvaient avoir d'utile et de bon. Nous comprenons dans l'ensemble de ces institutions les diverses classes, les différents états dans lesquels la société était divisée. Les membres faisant partie des corporations d'arts et métiers jouissaient de priviléges spéciaux ; des règlements disciplinaires les astreignaient à des devoirs réciproques, mais en même temps assuraient à chacun d'eux les secours directs et éclairés de l'assistance mutuelle. Tous ces différents états, ces professions et corporations formaient, dans leur ensemble, la hiérarchie sociale du corps de la nation, dont le souverain n'était point comme aujourd'hui le représentant, le fondé de pouvoir, mais plutôt l'allié, le soutien et le défenseur. La constitution organique de la société était un fait irrévocable. Cette grande famille politique formant un tout indivisible, puisait sa force, son indépendance, son inviolabilité, dans la réalité de son existence nationale. Les révolutions, les changements de dynasties, les conquêtes, n'altéraient en rien, n'ébranlaient pas les fondements de ce régime européen. Cependant le temps a miné, affaibli peu à peu ce vieil édifice, qui, violemment abattu d'un coup de foudre révolutionnaire, a disparu pour faire place au régime de la liberté, de l'égalité et à l'idée grandissante du socialisme et du communisme [1].

[1] M. J. J. Thonissen, professeur à la faculté de droit de l'université

Les malheurs publics, toujours croissants, feront éprouver un jour la nécessité du retour à des institutions analogues au besoin de la vie des peuples civilisés.

Ces idées paraîtront le comble de l'utopie, parce qu'elles sont en opposition à l'esprit du siècle et au système moderne de l'égalité civile et politique; cependant, qu'on se rassure à cet égard, elles deviendront un jour populaires : leur réalisation sera lente, mais un temps viendra où elle sera reconnue indispensable; alors, beaucoup de difficultés plus apparentes que réelles pourront être surmontées. Une législation habile parviendra à régulariser et à per-

catholique de Louvain, a dit dans un savant ouvrage intitulé *le Socialisme depuis l'antiquité*, imprimé à Louvain en 1852 : « L'idée doit être » combattue par l'idée.... Il faut opposer une propagande d'ordre, de » religion, de paix, de morale et de progrès sage, à cette propagande de » désordre, d'anarchie et de spoliation qui s'agite au sein des classes les » plus nombreuses et par conséquent les plus puissantes; il faut éclairer » l'intelligence et moraliser le cœur du prolétaire. » Ce remède qu'il propose comme le plus efficace pour vaincre le socialisme, ne parait pas être suffisant. Il serait dangereux d'exagérer l'utilité de cette propagande d'ordre, et de s'en tenir à cet unique moyen. Il faut opposer à un mal effectif plus que des sermons de morale et de sagesse.

fectionner les coutumes anciennes, qui avaient dégénéré en abus et étaient devenues sans utilité.

Depuis quelque temps une opposition prononcée se manifeste contre le parlementarisme : en se développant davantage, elle amènera non pas une révolution subite et improvisée, mais un nouveau système politique auquel elle travaille, sans avoir encore là-dessus une idée claire et arrêtée. Ce ne sera pas l'ancien régime ni le moyen âge, mais plutôt l'établissement des bases et des principes sur lesquels l'ordre et l'autorité pourront trouver un appui solide. Tout annonce une époque de transition. L'utopisme dévoilé s'éteint insensiblement. La voix des philosophes s'est montrée impuissante à diriger le monde. La réaction politique et religieuse, heureusement commencée, entraînera à sa suite la jeune génération, et les gouvernements, pour se consolider, suivront l'impulsion de cette nouvelle opinion publique.

L'industrie et le commerce sont aujourd'hui portés à un si haut point, qu'ils ne peuvent plus se soutenir longtemps à la même hauteur : le moment de la décadence approche. Tôt ou tard l'intempérie des saisons occasionnera des disettes d'autant plus terribles que les populations sont plus nombreuses. La richesse actuelle des nations ne contribue pas au bonheur des masses prolétaires ; l'Angleterre en est un exemple assez frappant. La classe ouvrière en France éprouve déjà le besoin de sortir, par des associations libres, de l'état d'isolement auquel elle est condamnée par une législation plus dure que libérale.

Sous le régime actuel de la concurrence industrielle existe à la vérité l'égalité des droits, et par conséquent la possibilité éventuelle d'acquérir de grandes richesses ; mais cette liberté de l'industrie ne profite et ne peut profiter qu'à quelques-uns, tandis que les intérêts journaliers d'une foule d'individus ne sont garantis ni protégés par aucune mesure de prévoyance.

II.

L'article 13 de la constitution de la république française de 1848 attribuait à l'État le devoir de distribuer l'assistance publique sur la plus vaste échelle. La société, ce qui signifie aujourd'hui le gouvernement, s'engageait envers le prolétariat à employer dans les travaux publics les bras inoccupés, à fournir l'assistance aux enfants abandonnés, aux infirmes et aux vieillards sans ressources. L'assemblée constituante montrant dans cet article un grand esprit de philanthropie, n'épargnait pas les plus belles promesses au sujet de l'enseignement gratuit, de l'éducation professionnelle, de l'égalité des rapports entre le patron et l'ouvrier. Ces promesses, plus faciles à faire qu'à tenir, ne furent point remplies; c'est en vain qu'on cherche à persuader au peuple que sa position est fort heureuse, sous une législation qui lui accorde tous les droits politiques, desquels cependant il ne peut se nourrir. Et puis cette égalité de droits et de rapports existe-t-elle réellement entre celui qui travaille douze heures par jour pour avoir de quoi subsister, et celui qui fait travailler pour s'enrichir? La théorie peut être spécieuse, mais il n'en revient à l'ouvrier, pour sa part, que des souffrances et de la misère.

A défaut et dans l'impossibilité d'ériger une caisse des pauvres, la charité volontaire est encouragée par les gouvernements, et la mendicité a pris un développement qui jusqu'ici n'avait rien eu de pareil.

Sous l'influence qu'une fausse philanthropie exerce depuis plus de soixante ans sur la politique, la paix publique fut trop souvent troublée. Le peuple français n'a joui d'un repos assuré ni sous la monarchie constitutionnelle de 1791, ni sous la république terroriste de 1793, ni sous le gouvernement du directoire et des deux chambres de 1795, ni sous la charte octroyée en 1814, ni sous la monarchie constitutionnelle de 1830. Enfin la république démocratique de 1848 fut le plus éclatant triomphe des sociétés secrètes. Alors le socialisme ou communisme s'est ouvertement prononcé, et n'étant pas de nature à être parachevé d'un jour à l'autre, prendra d'année en année plus d'accroissement. En le comprimant, on ne l'a pas détruit.

Les gouvernements enlacés depuis longtemps, sans en connaître les dangers, dans les filets de la philanthropie politique, ont eux-mêmes ouvert la voie et permis au dogme du communisme de se produire. Ce serait une fâcheuse illusion de croire que le péril est passé, depuis la déroute du parti le plus exalté. Cette doctrine, conséquence logique du principe de l'égalité, s'est répandue parmi d'innombrables adeptes. C'est un ennemi toujours aux aguets; une pensée révolutionnaire qui renferme et couve un danger permanent. Il n'y a, du reste, aucune prévision à faire, quant à la nature des procédés violents, à l'extension, à la forme que prendrait, aux phases qu'aurait à parcourir le règne de la démagogie radicale. Pendant un temps plus ou moins long, les théories gouvernementales disparaîtraient de la scène politique; le principe de la subordination se trouvant aboli, la force publique manquerait d'organisation régulière, la souveraineté n'existerait plus, la guillotine même ne gouvernerait pas la France, comme sous le régime de la terreur, mais des bandes sauvages se disputeraient le pillage des villes et des campagnes.

Les contemporains n'apprécient pas encore suffisamment quelle est la véritable cause des troubles et des changements dont ils sont les témoins; ils attribuent assez généralement cette série de révolutions improvisées à l'impéritie, à l'imprévoyance ou aux fausses mesures des chefs du gouvernement; à l'irréligion, à l'ignorance des hommes du peuple. Ils accusent la persévérance des factieux et des conspirateurs dans la poursuite de leurs pernicieux desseins, et ne paraissent pas disposés à reconnaître que la faute retombe sur les imperfections d'un constitutionnalisme défectueux, sur les principes erronés qui se sont enracinés dans l'esprit du temps et dans les codes législatifs. Ces imperfections sont incorrigibles, parce qu'elles forment la base, le fond, et sont l'essence même de ce système libéral.

Les États monarchiques, constitutionnels ou républicains, courent les mêmes dangers par les vices attachés à leurs propres constitutions. Les fréquentes conspirations sont les symptômes manifestes du mal intérieur qui les mine.

Il existe deux systèmes modernes de politique qui se confondent dans la même prétention et poursuivent le même but, celui d'absorber tous les droits nationaux, soit dans un monarque absolu, soit dans les assemblées électives. Ce sont deux modes d'arriver à un même résultat, qui est de maintenir le régime de l'égalité démocratique, que semblent réclamer l'esprit et les mœurs du siècle; mais ni l'un ni l'autre de ces gouvernements ne renferme un principe assez puissant de force intrinsèque pour leur promettre une longue et tranquille durée : l'absolutisme dégénère tôt ou tard en une autorité bureaucratique, de plus en plus envahissante, aveugle et oppressive. Le constitutionnalisme simule la liberté politique, sous laquelle est voilée une autorité gouvernementale et plus réelle, qui est tantôt ministérielle, tantôt parlementaire, selon que l'un ou l'autre des deux pouvoirs a pris plus d'ascendant.

La souveraineté ne réside, en aucun cas, dans

la nation ou dans les individus isolés qui en font partie, mais elle appartient à une majorité parlementaire, flottant au gré de la tactique des différents partis. Cette majorité fait et défait les lois, selon que les bulletins sortent de l'urne qui les renferme : *Vota numerantur, sed non ponderantur.* Le nombre des voix ne donne aucune garantie pour la bonté des lois. La raison pouvant être du côté de la minorité, et n'étant souvent d'aucun côté, les citoyens n'ont point de motifs suffisants pour avoir une pleine confiance dans la sagesse de cette majorité vacillante, à laquelle sont confiés les pouvoirs publics et le contrôle de ces pouvoirs.

Un des défauts essentiels du régime parlementaire ou représentatif provient de ce que tout le poids de l'exercice du pouvoir retombe sur le gouvernement, qui, pour sauvegarder l'ordre et la civilisation, est obligé d'exercer sur les actes de chaque individu une surveillance journalière. Les moyens lui manquent pour remplir efficacement la mission dont il assume seul la responsabilité : la nation, ne participant pas à la manutention des affaires, ne lui vient en aide en aucune manière, tandis que les factions tumultueuses bourdonnent et s'agitent confusément au sein d'une société en désarroi.

Un autre défaut inhérent à la monarchie constitutionnelle est que les pouvoirs distincts qui sont l'attribut de ce genre de gouvernement ne sont pas de nature à se maintenir en bonne harmonie, à se contre-balancer réciproquement, à rester toujours d'accord, pour assurer par cette fidèle et sincère entente la force et la durée des institutions fondées sur cette théorie ; car, s'il en était ainsi, cette monarchie reposerait sur une base plus solide, et les révolutions de 1830 et de 1848 n'auraient pas eu lieu.

C'est précisément parce que ces pouvoirs distincts ne sont pas susceptibles de conserver un parfait équilibre, que ce système de gouvernement contrôlé devient illusoire. Ce qui trompe d'ailleurs toutes les prévisions, c'est qu'en dehors des pouvoirs légaux que la loi fondamentale mentionne, il se manifeste et s'élève aussi dans le pays des partis extra-constitutionnels, extra-parlementaires, hostiles et assez puissants pour ruiner et démolir la frêle autorité des lois existantes.

On doit aussi remarquer que la législation de ces

constitutions aboutit à un chaos informe de doctrines incohérentes, telles que la liberté, l'égalité, le suffrage, tantôt universel, tantôt restreint, la liberté de la presse, l'indifférence en matière de religion, la licence et le prosélytisme des cultes religieux; l'athéisme de la loi politique, l'abolition de la peine de mort pour les crimes de conspiration et de lèse-majesté; le jugement par jury des délits de la presse; responsabilité des ministres du roi; irresponsabilité et impunité des représentants du peuple, dont l'opposition dans le parlement est systématiquement conspiratrice; l'armée régulière aux ordres du pouvoir exécutif, et une garde nationale indisciplinée, enrôlée dans les rangs de l'opposition; règlement arbitraire des impôts et des emprunts au gré des députés; la dette publique garantie aux créanciers de l'État, c'est-à-dire les emprunts mis à la charge des générations futures. Enfin, pour conclusion, et comme résultat de tout cet ensemble de mesures et de principes disparates, on prétend que force restera à la loi, et que les progrès de la civilisation seront de plus en plus assurés!

Ce fut inutilement qu'on essaya de coordonner

dans leur ensemble cette longue chaîne de problèmes complexes qui viennent d'être énumérés. Les rationalistes, en étalant ce grand luxe dogmatique, ont créé et décrété dans le fait des droits légaux que l'on peut qualifier d'anarchiques. Dans de pareilles circonstances, il serait injuste de faire rejaillir la responsabilité de nos fréquentes révolutions sur les ministres, les généraux et les administrateurs qui, dans les moments de crise, sont à la tête des affaires; c'est dans les défauts des constitutions qu'il faut chercher la cause du triomphe facile des conspirations, et c'est encore plus haut que l'on doit remonter si l'on veut dévoiler l'origine du dévergondage des idées du siècle.

Les ultra-philosophes qui ont endoctriné le monde n'avaient pas une connaissance profonde des hommes ni des besoins de l'humanité; ils ont rêvé un monde idéal et voulu créer à leur manière un paradis terrestre. Ce sont eux qui, s'érigeant en prophètes et prêchant une religion humanitaire, ont substitué la philosophie mondaine aux préceptes de la révélation divine, et déclaré la guerre au christianisme. Leur science orgueilleuse a dit devant le monde : « Je suis l'oracle de la vérité, le représentant de la raison, l'ange de la lumière. » *Fiat voluntas mea, adveniat regnum meum.*

Les publicistes de cette école ont pris à tâche de régenter le monde; ils ont fait une compilation de doctrines politiques et économiques, de panthéisme, de philanthropie, de libéralisme et de subtilités métaphysiques. Considérant l'homme comme un être indépendant, libre, ne relevant que de lui-même et de sa raison, ils ont enseigné, entre mille belles choses, qu'il existe une loi implantée primitivement dans la nature : la loi du progrès indéfini [1]. Suivant eux, la raison humaine est suffisante pour diriger

[1] L'esprit humain n'est pas susceptible d'acquérir des facultés qu'il n'a pas reçues de la nature; les seuls progrès que les mortels puissent espérer sont de réprimer de plus en plus leur orgueil et leurs coupables passions, en observant mieux les préceptes de la vraie religion. Les connaissances et les découvertes auxquelles les sciences peuvent encore parvenir auront certaines bornes que Dieu même a définies et posées en créant l'humanité; les mystères de la nature resteront impénétrables. Ce que l'on peut appeler indéfini, ce sont plutôt les aberrations de nos présomptueuses pensées. Le progrès du mal, dominant le progrès du bien, pourrait bien attirer un jour la colère céleste, comme au temps du déluge!

en reine les affaires de ce monde sans l'intervention de la Providence; l'humanité est en voie de progrès continuel et de perfectibilité indéfinie, accomplissant de sa propre autorité ses hautes destinées sur la terre.

La création du monde est pour les savants philosophes un problème insoluble; l'avenir dans l'autre monde est un autre problème. Ni l'État, ni la loi, n'ont donc point à s'occuper de l'inconnu. Le bonheur temporel et la liberté étant le but unique à remplir, le libre arbitre des individus sera sans autre restriction que celle des lois promulguées au nom et par la volonté du souverain temporel. Le suffrage universel étant l'expression de la volonté et de la raison générale, tous les pouvoirs émanent légitimement de cette source. Les hommes naissant égaux, l'égalité des droits est de la plus stricte équité. La puissance souveraine appartient à tous collectivement. — Les citoyens seront les sujets de la loi qui émane de leur volonté..... Ces raisonnements ont pu captiver quelque temps les esprits, mais les prémisses sur lesquelles ils sont fondés, étant l'inaptitude de la raison à découvrir les deux grands problèmes du commencement et de la fin du monde, ne peuvent servir de point de départ, ni à la politique, ni à la philosophie. La connaissance des destinées de l'humanité dépend au contraire de ces deux questions, que l'esprit humain, par ses propres lumières, n'éclaircira jamais. A tout système il conviendrait au moins de donner pour fondement une vérité première et les corollaires qui en découlent.

Loin de nous est la pensée de confondre dans la réprobation due aux apôtres de l'antichristianisme les doctrinaires qui se sont laissé séduire par les raisonnements captieux du dogme de la souveraineté du peuple, mais qui restent indignés de l'impiété de la philosophie du dix-huitième siècle, ainsi que du panthéisme des universités modernes. Ils reviendront de l'erreur, pour ainsi dire involontaire, dans laquelle les retenaient la nécessité des temps et leur position personnelle; car le rôle qui leur était tracé consistait à soutenir le gouvernement établi, pour prévenir de plus grands maux; ils étaient chargés, non de briser la mauvaise machine, mais de la faire fonctionner le moins mal possible.

Le blâme ne peut retomber que sur les philosophes

qui, les premiers, ont considéré la souveraineté comme une question uniquement humanitaire, tandis qu'elle est au contraire un théorème à la fois religieux et politique. Si on considère avec impartialité et sans préjugés cette proposition sous ce double rapport, on trouvera que le droit divin et le droit humain existent simultanément, et qu'il s'agit de distinguer ces deux principes dans la théorie, comme de les concilier dans la pratique; il sera donné dans le second chapitre quelques explications sur cette question fondamentale.

III.

Les principes absolus du sophiste J. J. Rousseau ont surtout exercé une fâcheuse influence sur les événements qui allaient bientôt survenir. Toutefois la Révolution ne fut pas une conséquence immédiate des doctrines répandues par le plus grand nombre des écrivains du temps; mais elle éclata inopinément, elle surgit spontanément d'une inconcevable coïncidence de circonstances générales et de causes particulières et accidentelles; les ministres Turgot, de Brienne, Malesherbes, Narbonne, Necker et le roi lui-même en furent les premiers promoteurs. Ce ne furent point les philosophes et les savants qui en déterminèrent l'explosion en 1789, mais ils en ont au moins dicté les principes épars dans leurs nombreux écrits sur toutes les matières de la politique, de la législation et de l'économie.

Les dogmes, les théories, les réformes d'une révolution complète étaient inscrits d'avance dans les ouvrages des publicistes du dix-huitième siècle; et lorsque le monarque de la France jugea à propos de convoquer les états généraux pour porter remède aux abus, ou pour introduire des changements dans la constitution de l'État, la majorité des membres qui composaient l'Assemblée, trouvant un texte préparé de longue main, n'éprouva aucune difficulté à faire un amalgame de principes puisés dans cette foule d'écrits, et à les rédiger en articles de loi constitutionnelle. Tous ces matériaux, ces pièces détachées sans harmonie entre elles, ne pouvaient former un édifice régulier et durable.

Le gouvernement, sous le règne de Louis XVI, avait fait un premier pas dans l'ère nouvelle des réformes libérales; l'effervescence qui s'empara de la nation facilita le grand œuvre qui allait être entrepris. En donnant dans les états généraux une double représentation au tiers état [1], le roi intro-

[1] A la date du 27 décembre 1788, il fut ordonné par le roi, étant en son conseil, textuellement ce qui suit :

duisit dès lors le principe de la démocratie, dont les conséquences ne se firent pas attendre. Dans la séance royale du 16 juillet 1789, il fut décidé que les membres des trois ordres se réuniraient en une seule assemblée, dans laquelle les votes auraient lieu par tête. Dès ce moment, l'ancienne constitution était détruite, la révolution était faite, et les tribuns factieux qui se mirent à la tête du mouvement amenèrent bientôt la sanglante république de 1793.

Dans la déclaration des droits de l'homme, mise en tête de la constitution française de 1791, il est dit : « Le principe de toute souveraineté réside » essentiellement dans la nation ; nul corps, nul » individu, ne peut exercer d'autorité qui n'en

« Le nombre des députés du tiers état sera égal à celui des deux » autres réunis, et cette proportion sera établie par les lettres de » convocation. »

Cette décision fut prise sur un rapport du ministre des finances, M. Necker, qui dès lors avait l'intention d'amener le vote par tête pour écraser plus sûrement l'aristocratie; sans quoi il eût été ridicule d'accorder au tiers état une telle faveur, qui l'eût compromis si elle ne devenait bientôt un moyen efficace de puissance et de supériorité.

» émane expressément. » Cette maxime n'était point une idée, une production nouvelle; mais ici elle fut admise, proclamée comme axiome, et passa légalement dans la pratique; ce qui a inspiré à bien des personnes la pensée que la démocratie dominera désormais la politique en Europe, et que sans cette condition expresse aucun gouvernement ne pourrait s'y maintenir dorénavant. Toutefois rien n'est plus changeant que ce qu'on nomme l'esprit du siècle : les opinions se modifient, varient suivant les événements imprévus qui réagissent sur les esprits et sur la conduite des hommes.

Dieu a sans doute donné aux mortels le libre arbitre de leurs actions; mais la vie est trop courte pour donner de la suite à leurs projets. Un pouvoir occulte qui s'interpose sans cesse dans les desseins des hommes dérange et fait échouer leurs plans. Quelles que soient l'habileté et les forces que puisse déployer la tactique révolutionnaire des partis exaltés, le système démocratique, sous aucune forme, ne parviendra jamais à prendre racine : le germe du désordre qu'il porte dans son sein le perdra toujours. Déjà, comme on l'a vu en 1851, la Providence amena des événements inattendus qui changeront la face de l'Europe, et imprimeront à l'opinion publique une autre direction.

IV.

Jusqu'ici on a soulevé des questions politiques sur lesquelles la jurisprudence n'est pas compétente à prononcer : les uns veulent une constitution monarchique et parlementaire, les autres attribuent la souveraineté aux chambres électives, plusieurs veulent maintenir au peuple le droit imprescriptible de changer à volonté la forme et la dénomination de son gouvernement, quelques-uns soutiennent que la nation, étant souveraine de droit naturel, ne peut altérer ou détruire ce principe fondamental, ni se constituer autrement qu'en république démocratique, et que la majorité n'est pas même en droit de contraindre la minorité à se soumettre à un gouvernement monarchique héréditaire, d'autres défendent le principe dynastique fondé sur l'hérédité de la couronne. Ainsi partout, sur le champ de bataille, se rencontrent des démocrates conservateurs, des démocrates radicaux, des royalistes, des républicains, des terroristes et des sectes socialistes.

Les admirateurs du régime constitutionnel feraient une œuvre méritoire s'ils proposaient un modèle plus parfait de constitution pour corriger les fictions mensongères de la représentation nationale et remédier aux inconvénients de ces dissensions, de ces combats de la tribune suscités par les factions qui forment autant de partis ennemis, et qui de plus se subdivisent dans les chambres en plusieurs fractions, ayant chacune son chef et son conciliabule particulier, de sorte qu'on n'y reconnaît ni majorité, ni minorité compacte. Ces défauts ne sont pas la seule, mais en partie l'une des causes de l'insigne fragilité de ce genre de gouvernement. Aussi longtemps que les constitutionnels ne seront pas unanimes sur les principes clairs et les clauses précises d'un pacte social sacré pour tous, aussi longtemps que les doctrines des doctrinaires seront en hostilités continuelles entre elles, on ne doit pas s'attendre à ce que le régime parlementaire, tombé dans un grand discrédit, regagne jamais la faveur et la confiance du public.

La constitution française du 4 novembre 1848 avait été votée, sous l'impression des circonstances, par une majorité d'hommes distingués par des talents éminents et un caractère honorable; mais entraînés, même à leur insu, par les idées du jour, ils ont rédigé un code constitutionnel de belles maximes, et cherché à faire une charte provisoire. Cependant le peuple, fatigué des promesses dont on le berce depuis longtemps sans améliorer son sort, n'approuvait pas un ordre de choses qui ne lui paraissait bon à rien, et dont le vice essentiel était de déplaire à toutes les classes de la population.

On doit surtout relever, dans cette constitution, les contradictions et les idées anarchiques qu'elle renferme. Dans le préambule est une déclaration des devoirs réciproques de la République envers les citoyens et des citoyens envers la République : cette exposition est en forme de catéchisme; puis dans l'article 1er le principe et le droit de la souveraineté sont attribués exclusivement à l'universalité des citoyens moyennant le suffrage universel. D'où il résulterait que chaque citoyen devrait donner sa voix à la totalité des membres de l'Assemblée pour déléguer à celle-ci l'exercice légitime du pouvoir. Pourtant on a jugé à propos de déroger à cette condition évidemment essentielle pour en interpréter le sens d'une manière fort illogique; car dans l'article 34 du chapitre IV, il est dit : « Les membres » de l'Assemblée nationale sont les représentants » non des départements qui les ont nommés, mais » de la France entière. » Or, les quatre-vingt-six départements sont autant de fractions de la France; les députés élus par ces fractions ne se font-ils pas illusion lorsqu'ils se considèrent comme les représentants des départements qui n'ont pas participé à leur nomination? La critique que nous faisons ici a pour objet de faire ressortir les inconséquences communes inhérentes à toutes ces constitutions qui partent du principe de l'élection des députés pour représenter la nation; elle porte particulièrement sur l'impossibilité de fonder, moyennant une représentation fidèle et sincère des habitants d'un pays, un grand État démocratique. Il n'est que trop vrai que dans tout système fondé sur les faux errements qui remontent à 1789, les chambres représentent réellement l'anarchie, la guerre des partis qui désunissent la société, et la lutte des ambitions qui aspirent au pouvoir ou qui cherchent à le renverser.

Le parlementarisme n'est-il pas responsable de tous les événements arrivés en France depuis 1791, de nos révolutions perturbatrices et de toutes les cruautés du jacobinisme, et des discordes continuelles qui règnent dans le pays?

V.

L'Assemblée constituante, entraînée dans ce tourbillon, se vit contrainte de suivre l'impulsion du parti victorieux, et de remplir le programme de la démocratie absolue que la pression du gouvernement provisoire imposait à la France. Par cette condescendance, il est plus que douteux qu'elle ait rendu un service utile au pays. Tout le monde convient qu'elle est parvenue à entraver les progrès du désordre; on ne peut disconvenir que les députés, habiles et savants juristes, n'aient consciencieusement étudié la matière et clairement exprimé dans toute leur étendue les principes généraux du constitutionnalisme démocratique; mais la tâche à laquelle ils se dévouaient était peu propre à faire le salut du pays.

C'est à la haute sagesse et au grand caractère du

chef de l'État, au patriotisme des généraux, au bon esprit et à l'admirable discipline de l'armée que l'on doit rendre justice; celle-ci a bien mérité de la patrie, particulièrement en juin 1848, en 1849, à l'expédition de Rome et pendant les troubles de 1851.

On retrouve dans l'article 35 du chapitre IV l'une des règles fondamentales sur laquelle, dès sa première origine, fut basé l'édifice du système représentatif : « Les représentants ne peuvent recevoir de mandat impératif. » C'est la maxime invariable, la loi générale devant laquelle il ne reste qu'à courber la tête et s'incliner.

Les citoyens, privés du droit d'avoir une volonté personnelle, ne jouissent pas même de la liberté réelle de leur vote, en ce qu'ils en sont réduits à l'alternative de se soumettre aux injonctions des comités directeurs qui forment les listes des candidats, ou de donner en pure perte leur voix individuelle. Les comités directeurs sont les organes des factions pour proposer et faire élire leurs représentants; les électeurs ne sont que d'aveugles instruments de ces intrigues.

Nous le demandons, est-il sage et logique de dire

officiellement aux gens du peuple : « Vous êtes sou-
» verains sous la condition de n'émettre aucune vo-
» lonté, et de commencer avant tout par céder le
» pouvoir à des mandataires dont les journaux au-
» ront soin de vous envoyer les noms imprimés sur
» des bulletins, et qui vous constitutionnaliseront
» tantôt en république, tantôt en monarchie, selon
» la fantaisie du moment. »

Les deux derniers articles, 110 et 111, contiennent deux propositions qui s'accordent mal entre elles; l'article 110 est ainsi conçu : « L'Assemblée
» nationale confie le dépôt de la présente constitu-
» tion et des droits qu'elle consacre à la garde et au
» patriotisme de tous les Français. » Le peuple est ainsi appelé à défendre contre toute attaque, de quelque part qu'elle vienne, la constitution telle qu'elle a été faite et proclamée en son nom, à ne pas permettre qu'il soit porté atteinte à aucun des droits qu'elle consacre, et à maintenir la stabilité du gouvernement qu'elle établit. Néanmoins, dans l'article suivant, les représentants ne sont pas restés conséquents à cette déclaration solennelle, et montrent eux-mêmes une grande défiance en l'œuvre à

laquelle ils ont travaillé; ils en prévoient déjà la réforme, et dans cette vue, ils investissent les futures assemblées du pouvoir arbitraire de modifier, en tout ou en partie, cette même constitution si elles émettent simplement, à la majorité des trois quarts de leurs membres, le vœu d'en ordonner la révision. Ainsi, dans l'article 111, il est dit: « Lorsque dans » la dernière année d'une législature l'Assemblée » nationale aura émis le vœu que la constitution soit » modifiée, en tout ou en partie, il sera procédé à » cette révision de la manière suivante: le vœu ex- » primé par l'Assemblée ne sera converti en résolu- » tion définitive qu'après trois délibérations consé- » cutives, prises chacune à un mois d'intervalle, et » aux trois quarts des suffrages exprimés; le nom- » bre des votants devra être de cinq cents au moins; » l'assemblée de révision ne sera nommée que pour » trois mois; elle ne devra s'occuper que de la révi- » sion pour laquelle elle aura été convoquée; néan- » moins elle pourra, en cas d'urgence, pourvoir » aux nécessités législatives. »

Cet article avait pour but de légitimer *à priori* la révolution prévue d'avance, de déterminer la marche, les phases, qu'elle aurait à parcourir. Ce paragraphe inséré, soit dans une intention hostile à la constitution, soit par mesure de précaution, conférait à une majorité composée des trois quarts des membres de la chambre législative le droit exorbitant de déclarer nulle la loi fondamentale dont le dépôt sacré était confié à la garde de tous les patriotes.

Une fraction du parti conservateur, animée sans doute des meilleures intentions, vota en 1851 dans le sens de cette révision, croyant que c'était chose facile d'improviser pacifiquement, dans l'espace de trois mois, une charte plus parfaite, tandis qu'un immense parti socialiste en armes n'attendait que cette occasion pour mettre à l'instant la France à feu et à sang.

Il y avait une grande imprévoyance, et plus que de la présomption dans cet espoir de diriger et maîtriser les événements à son gré, sans autre appui que l'éloquence du parti conservateur, faible et insuffisante ressource en temps de révolution! La majorité de la chambre ne consentit pas à cette révision, dans la prévoyance de l'imminence du danger de l'insurrection des masses; mais elle commit une autre faute en voulant s'emparer du pouvoir exécutif, et se mettre elle-même à la tête du mouvement, sans avoir ni moyen d'exécution, ni le moindre plan, et sans aucune force morale.

VI.

La tribune parlementaire amènerait inévitablement la perte de la société. Mais ne reste-t-il plus aucune planche de salut pour la sauver? Un jour viendra où le parti qui s'appelle conservateur renoncera à conserver le système représentatif, pour échanger son rôle contre celui de restaurateur des principes de la hiérarchie sociale et des solides institutions dont dépend l'existence nationale. La réaction contre les fausses notions de 1789 deviendra le prélude de la reconstruction de l'édifice social; car le projet de continuer le régime de la démocratie, sans en subir les inconvénients et les dangers, n'aurait aucune chance de réussite.

On entend des plaintes malheureusement trop fondées s'élever de toutes parts sur les mauvais temps dans lesquels nous vivons. N'est-il pas évident que les maux qu'on éprouve et qu'on redoute proviennent de l'application de ces malheureux principes, que des publicistes distingués tiennent encore en honneur et vénération, comme on s'attache à des préjugés invétérés?

Si les idées erronées du siècle ne sont pas rectifiées, les prédictions de la victoire des socialistes, que l'ère des Césars peut encore retarder, s'accompliront enfin, dans un avenir plus ou moins prochain. Puissent les hommes influents en politique contribuer de tous leurs moyens à calmer les tempêtes, en secondant le gouvernement actuel de la France, et en s'associant au nouveau parti qui répudie et abjure ces utopies constitutionnelles qui seront reléguées un jour dans la catégorie des folies du siècle!

Les générations futures jugeront sainement les illusions qui ont entraîné la génération actuelle dans des fautes irréparables. L'histoire impartiale enseignera à la postérité qu'il ne suffit pas d'avoir un idéalisme d'égalité, une tribune, une presse libre, un pouvoir exorbitant dans le journalisme, et un gouvernement central, pour être heureux, mais qu'il faut à la société une organisation conforme à son existence réelle, c'est-à-dire un régime hiérarchique qui coordonne et relie entre eux les divers éléments qui la composent; une bonne organisation sociale est dans un pays l'institution fondamentale qu'aucun autre système ne saurait remplacer. Le corps de la nation, en représentant ainsi une grande famille politique, forme l'État même : le souverain temporel que la Providence place sur le trône reçoit de la Divinité la haute mission d'assurer le maintien, la sécurité et la stabilité de l'État : les droits attachés à la souveraineté dérivent naturellement des devoirs formels qu'il lui est prescrit de remplir; le problème de la politique se réduit donc à déterminer la nature et la part d'autorité qui revient au corps de la nation, comme étant lui-même l'État, et à fixer l'étendue des pouvoirs qu'il appartient au roi d'exercer légitimement, en ce qui concerne le gouvernement de l'intérieur et les affaires extérieures du pays. Cette distinction des droits et des devoirs réciproques exclut le principe et l'existence du despotisme absolu, quelle que soit la forme monarchique ou républicaine adoptée dans un pays.

VII.

En Allemagne, en Italie, l'inexpérience des constitutionnels était plus grande et les affaires infiniment plus compliquées. Les esprits rêveurs qui composaient la majorité du parlement de Francfort imaginèrent la plus inconcevable des constitutions. Emportés par un excès d'enthousiasme patriotique, ils s'adjugèrent de prime abord la souveraineté; c'était le moyen de créer en un moment l'unité allemande que de s'arroger la toute-puissance, de planter l'étendard tricolore sur tous les toits, de proclamer les droits fondamentaux, et enfin de centraliser la nation dans l'assemblée réunie dans l'enceinte de l'église Saint-Paul.

Ces doctrinaires, qui se disaient le parti conservateur, n'avaient point d'armée, de canons ni de police à leur disposition, et craignaient les démagogues et les populaces ameutées. Ayant donc recours à un expédient qui leur parut immanquable, ils supplièrent par une députation un puissant monarque d'accepter, avec le titre d'empereur, les fonctions du pouvoir exécutif, et offrirent la charge de préfet héréditaire aux diverses dynasties qui, de temps immémorial, régnaient sur les peuples de la Germanie; malheureusement cette combinaison présomptueuse, plus naïve qu'ingénieuse, ne répondit pas à leur attente. Le refus qu'ils éprouvèrent était à leurs yeux une épouvantable trahison, une inconcevable résistance, un attentat contre la souveraineté nationale! Le plus grand désappointement succéda au rêve de l'importante mission qu'ils s'étaient ambitieusement attribuée, sans avoir reçu de leurs commettants ni pouvoir, ni mandat à cet effet.

Ces parlementaires s'étaient flattés pendant quelque temps de jouir d'un pouvoir solide et incontestable; l'armée leur servait en effet de sauvegarde contre ces masses de pétitionnaires envahissant d'assaut le sanctuaire des lois pour exercer en personne leurs droits souverains; les troupes prussiennes les avaient défendus plus d'une fois contre ces émeutiers en armes; mais il était dans l'ordre naturel des choses que l'état militaire, étant ainsi mis en contact avec la question politique, n'y restât pas étranger par la suite. Quel ne dut pas être l'étonnement des libéraux lorsqu'ils virent que des militaires en grande tenue avaient la témérité de forcer l'entrée de la salle de leurs séances, et de leur intimer, au nom du roi et de la loi, le conseil impératif de se retirer dans leurs foyers? C'est ce qui arriva à Berlin, à Stuttgart, à Cremsir, à Naples et autres lieux. Tous ces faits resteront acquis à l'histoire, comme preuve manifeste de la stérilité du philosophisme et comme avertissement salutaire contre le retour à de pareilles idées anarchiques.

En Italie, la démagogie a été vaincue par la force des baïonnettes sur tous les points : en Sicile, à Naples, à Rome, en Toscane, en Lombardie, en Piémont, à Gênes; mais elle a survécu à toutes les blessures qu'elle a reçues, et ne cessera de s'agiter aussi longtemps qu'elle possédera dans le sein même du constitutionnalisme, dans le journalisme, dans l'existence des sociétés secrètes un puissant moyen de propagande, et qu'elle trouvera dans la misère et le paupérisme du prolétariat un écho prêt à répondre, une force toujours prête à agir.

La victoire que les armées ont remportée sur le désordre ne saurait mettre un terme aux idées incendiaires qui menacent l'existence de la société européenne.

CHAPITRE DEUXIÈME.

DE LA SOUVERAINETÉ.

I.

On a fait mention dans le chapitre précédent du nouveau genre de gouvernement que les philosophes ont fait prévaloir, en faisant abstraction du droit divin, en rapportant tout à la raison humaine et aux droits souverains du peuple. Sous le strict point de vue du christianisme et de l'histoire, il sera permis d'émettre sur l'origine et l'essence de la souveraineté une opinion contraire à cette philosophie humanitaire.

Avant d'entrer dans l'examen d'un si grave sujet, il convient d'admettre pour point de départ de la question l'axiome suivant, puisé dans le dogme catholique et qu'enseignent également les lumières de la raison naturelle. « Toute puissance vient de » Dieu, dont la volonté exerce perpétuellement un » pouvoir suprême sur toutes choses. La souve- » raineté temporelle, par un décret providentiel » de ce maître absolu de l'univers, forme la clef » de voûte, l'accomplissement des lois et des actes » de la création, dont elle couronne l'œuvre; elle » a ses racines, sa cause efficace, sa raison d'être, » dans le caractère du genre humain, dans le pen- » chant des hommes à vivre en société, dans le » besoin qu'ils éprouvent de s'entr'aider dans tous » les instants de la vie et de se prémunir contre » les dangers dont leur existence est entourée. La » vie, la raison, le libre arbitre, l'intelligence dont » jouissent les mortels, sont des dons émanant de » la grâce de Dieu, qui, pour leur procurer le » mérite personnel de leurs actes et les rendre di- » gnes d'en recevoir dans l'éternité une juste et » légitime récompense, ne leur accorda pas dans

» ce monde les facultés de l'infaillibilité et de l'im-
» peccabilité. L'intervention divine, vu cet état
» d'imperfection de la raison et de la nature hu-
» maine, est une indispensable nécessité pour or-
» donner le bien comme pour prohiber le mal; et
» la législation primordiale est essentiellement de
» droit divin. C'est un devoir pour la souveraineté
» que d'obéir aux ordres de Dieu, de rendre la
» justice et de veiller au salut des peuples. En
» vertu de cette maxime fondamentale, les bonnes
» lois rendues par la bouche du souverain sont
» l'expression de la volonté divine, et impriment
» le caractère de la légitimité au pouvoir temporel,
» qui, par les actes équitables d'un sage gouver-
» nement, complaît au Créateur, source de tous
» les droits. »

De ces prémisses découlent plusieurs conséquences :

1° La souveraineté n'est point une invention imaginée par l'intelligence de l'homme, mais une loi divine décrétée en vue de la conservation du genre humain; Dieu en a posé le principe dans l'ensemble des qualités de l'humanité, dans cette docilité, cet attrait qui porte les hommes à servir l'autorité et à prendre part aux emplois et aux honneurs du pouvoir. Les hommes ont reçu de Dieu le don surnaturel de la raison, afin de concevoir la nécessité de se soumettre aux règlements d'une puissance supérieure et visible qui les dirige et les protége.

2° La sentence du grand saint Thomas : « *Regnum non est propter regem, sed rex propter regnum,* » exprime une double vérité, et signifie que le roi règne en vue du bien de l'État, et que l'État est distinct du souverain. Le roi et la nation forment deux personnes morales, deux corps politiques ayant chacun des droits à faire valoir et des devoirs à remplir; de sorte que les attributions de l'autorité sont diverses et se divisent en deux parts. Ceci contredit le principe de la souveraineté du peuple et exclut l'omnipotence et la centralisation gouvernementales.

3° Le principe dynastique fondé sur l'hérédité de la couronne est une loi politique et sage, qui ne dérive pas du droit divin, avec lequel plusieurs l'ont confondu; les dynasties ne sont point investies d'un pouvoir absolu, ni du droit d'enfreindre et de changer arbitrairement la constitution de l'État; la légitimité ne permet pas de commettre des actes contraires à ce qui est légitime, néanmoins un coup d'État est présumé et réputé légitime lorsque, dicté par la prudence et commandé par la justice de la cause, il est nécessaire au maintien des institutions sociales et de la tranquillité du pays; il s'appuie alors sur le principe conservateur : *Salus populi suprema lex.* Les familles dynastiques règnent par la grâce de Dieu; mais soumises aux décrets qui émanent d'en haut, elles ne sont point à l'abri des vicissitudes des choses humaines; car Dieu départit les couronnes à qui il lui plaît, quand il lui plaît, et comme il lui plaît.

4° La loi de Dieu et la loi du royaume sont les deux points de vue sous lesquels se présente la question de la souveraineté, qui par là devient nécessairement religieuse et politique. L'illustre évêque de Meaux, ne l'ayant observée et traitée que sous le seul rapport de la religion, et faisant abstraction des combinaisons qui s'y rattachent, a conclu que l'autorité royale était absolue, et les rois responsables envers Dieu seul des actes illicites commis par le gouvernement. Cette hypothèse, exposée ainsi sous une forme doctrinale, attribue aux princes régnants la prérogative de tracer eux-mêmes le plus ou moins d'étendue de leur puissance temporelle. Or, un pareil problème ne comporte pas une solution uniquement partiale ; il se réduit à donner la définition politique, raisonnée et précise des pouvoirs constitutifs inhérents à la nature de la souveraineté, à fixer ainsi la limite, le *non plus ultra* des droits du souverain.

5° La souveraineté est un sacerdoce : celui qui en est revêtu est libre de s'en démettre par une abdication irrévocable; mais il ne dépend pas de lui d'en disposer, de la transmettre à qui bon lui semble. Si les dix millions d'individus d'un pays étaient autant de souverains doués des qualités requises, ils auraient le plein droit et l'obligation de remplir par eux-mêmes les fonctions de cette magistrature suprême, ou l'entière liberté d'abdiquer; mais ils ne seraient nullement et en aucun cas autorisés à transférer à des délégués la souveraineté, parce que celle-ci ne porte pas le caractère d'une propriété libre et transmissible à volonté.

6° La forme du gouvernement n'étant point déterminée par la Divinité, émane uniquement du droit humain; elle peut varier selon les circonstances et être républicaine ou monarchique.

Toute la sagacité des docteurs en droit politique ne parviendra pas à découvrir un principe *à priori* de la souveraineté sur la terre autre que la volonté divine et l'accomplissement des préceptes éternels de justice provenant de cette source unique de toutes vérités.

La plupart des publicistes modernes disent assez généralement : La souveraineté du peuple est un principe incontestable, mais abstrait et inapplicable. Or, c'est exprimer à la fois une approbation du principe et en réprouver l'application comme étant impossible; au fond, c'est nier la réalité de la chose que de la déclarer une fiction idéale, une vaine abstraction.

De deux choses l'une : ou l'on doit admettre avec l'Américain Thomas Paine et J. J. Rousseau la souveraineté du peuple avec toutes les conséquences extrêmes de la démocratie, ou reconnaître la prédominance du droit divin en fait de souveraineté. C'est le dilemme sur lequel les hommes politiques instruits par soixante ans d'expérience sont appelés à se prononcer sans tergiversations ni subtilités métaphysiques; car entre ces deux termes, ainsi nettement posés, il n'y a point de transaction possible.

II.

Thomas Paine, secrétaire du congrès américain, dans une brochure intitulée « Droits de l'homme, en réponse à l'attaque de M. Burke sur la révolution française », soutient la thèse de la souveraineté du peuple. Dans son enthousiasme, l'écrivain américain déclare que la constitution de 1791 est la cause du peuple français, de toute l'Europe, ou plutôt du monde entier! C'est, suivant lui, le gouvernement de la raison; la France régénérée déclare la guerre aux principes, non aux hommes; cette constitution confie le pouvoir exécutif à un fonctionnaire appelé roi, et place la souveraineté dans la nation; elle renonce à la tolérance et à l'intolérance aussi en matière religieuse, et établit une liberté entière de conscience et conséquemment de religion, comme étant de droit naturel!

Il ajoute plus loin : « Les droits naturels que » l'homme retient sont ceux dont l'exécution dé- » pend autant de lui que les droits eux-mêmes. De » cette classe sont tous les droits intellectuels ou » droits de l'esprit : en conséquence la religion est » un de ces droits [1]. »

Ainsi, d'après ces raisonnements, nous voyons que tout le système se base sur les droits intellectuels que l'homme retient, et sur les droits civils qui sont des droits naturels échangés. L'homme a donc le droit naturel d'être juge dans sa propre cause, mais il dépose et délègue ce droit, pour lui en procurer la jouissance, à la société dont il est membre et qui devient dès lors le juge infaillible de ses actions. Thomas Paine est d'autant plus inconséquent qu'il n'est point athée. Il croit en un Dieu

[1] Il est absurde de dire que la religion est un droit intellectuel de l'homme, et qu'elle est ainsi révélée à la raison personnelle de chaque individu qui possède la pleine liberté et le droit naturel de s'installer prophète. Ce système de Thomas Paine n'est que l'apologie de la multiplicité infinie des sectes et même du retour à l'idolâtrie des faux dieux. Mahomet, en se disant inspiré par la Divinité, ne permettait pas du moins à d'autres de jouer le même rôle d'imposteur.

créateur, mais il ne lui reconnaît ni la volonté, ni le droit, ni le pouvoir de révéler aux hommes la religion dans laquelle il veut être adoré, et de leur enseigner la morale divine qui doit servir de règle à leur conduite. Il porte l'impiété jusqu'à soutenir que la vérité religieuse consiste dans la révélation faite à la raison de chaque homme. Suivant ce paradoxe, toutes les religions, quelque contradictoires qu'elles soient, ne peuvent jamais être mauvaises, puisque chacun trouvera toujours la sienne bonne, sans condamner celle des autres. Au lieu d'une religion, on en verra surgir des milliers, sans qu'il en résulte aucune controverse ni inconvénient.

C'est par de pareils sophismes qu'on cherche à prouver que les actions des hommes ne sont soumises, ni dans ce monde ni dans l'autre, au tribunal du souverain Juge, et que la loi civile fournit la seule règle de morale propre à diriger la conduite privée et publique des citoyens.

Cependant, dès l'instant que l'on aborde la question des droits de l'homme, il est indispensable de remonter jusqu'au berceau de la race humaine : Adam ne reçut pas de Dieu le droit de rester éternellement dans le paradis terrestre. L'homme n'apporte pas, en naissant, la certitude de vivre; il n'est personne qui soit assuré d'une année, d'une heure d'existence. L'enfant arrive sans sa volonté, sans sa coopération, dans un monde mystérieux; il est dans son être de même nature que tous ses pareils. Les facultés que les hommes tiennent du Créateur pour vivre, croître et multiplier, confèrent à tous un droit commun de se nourrir des fruits que la terre produit, et leur infligent par là l'obligation de travailler pour subvenir aux besoins de la vie. Toutefois, les hommes, quoique de même nature, ne naissent pas réellement les mêmes sous le rapport des qualités personnelles; leur existence présente des variétés infinies dans le caractère, l'esprit et la raison. Lorsque la théorie les a déclarés égaux, elle ne les a pourtant pas rendus tels. Les hommes seront jugés suivant le mérite relatif de leurs œuvres: c'est en quoi la justice de Dieu sera égale envers tous; mais l'égalité n'existe nulle part. On ne rencontre jamais deux hommes parfaitement semblables; les anges ni les saints ne le sont pas non plus dans le ciel. Le but évident de la création a été d'établir cette variété admirable que nous voyons en toutes choses.

Le sentiment du beau, la conscience du bien, l'intelligence de l'esprit, ces trois facultés sont l'origine de nos idées, la source de toutes nos connaissances acquises ; mais comme ces facultés intellectuelles ne sont pas dégagées du contact des sens, la raison humaine, qui se compose de ces trois attributs, ne jouit pas de la prérogative de connaître toute la vérité par ses propres forces. Imparfaite de sa nature, et livrée aux caprices de l'imagination, elle fit naître en tout temps un amas d'erreurs scientifiques et religieuses qui ont souvent dominé le monde. L'idéalisme, en détournant les esprits de l'attention observatrice des faits, les a entraînés dans les plus fantastiques et désespérantes utopies. L'abus que les philosophistes ont fait de la raison a conduit au polythéisme, au panthéisme, à l'athéisme, au manichéisme, enfin au culte, à l'adoration même de la raison. Ces sortes de folies de tout genre, qui deviennent des maladies contagieuses, ne nous enseignent-elles pas que la faculté de déraisonner sur tous les sujets est un triste apanage que l'on ne saurait, sans injustice, contester à l'esprit humain ?

C'est à tort que l'homme est représenté comme un être indépendant ; il appartient au Tout-Puissant ; sa destination, son devoir, sont de passer sa vie à servir, glorifier, adorer son Créateur. Le libre arbitre, qui fait partie des attributions qu'il a reçues en partage, ne le dispense pas de l'obligation d'obéir a la loi dont le divin Maître est l'auteur, et ne l'autorise pas à faire un mauvais usage de la liberté de sa pensée et de ses actions.

Le tort a été d'inférer du libre arbitre un droit naturel d'agir chacun suivant son caprice, et d'ordonner en souverain maître sur la terre, comme si Dieu s'était dépouillé de sa puissance pour la remettre dans ce monde entre les mains de ses créatures : c'est ici crime ou folie d'en avoir la pensée !

III.

La théologie catholique admet avec raison un droit national de restreindre jusqu'à un certain point le pouvoir confié à un chef; cette vérité, qui ne peut être mise en doute, n'indique pas que le peuple soit maître d'en confier l'exercice à qui bon lui semble et sous les conditions qu'il lui plaît de fixer. La proposition émise par les docteurs catholiques signifie simplement qu'il est dans l'ordre, et de toute justice, de fixer et de déterminer l'étendue, la nature et les limites de l'autorité qui appartient tant à la nation qu'à son chef. Lorsque ces docteurs parlaient du peuple, ils entendaient par cette expression la société telle qu'elle existait de leur temps, et ne prétendaient pas que chaque individu participât directement par son vote à la nomination du souverain. Leur système n'était pas celui du régime représentatif ni de l'égalité politique des citoyens. Il est à propos de faire cette distinction, pour ne point assimiler leur doctrine au libéralisme moderne. Suivant ces théologiens, le roi est le mandataire de Dieu et non des hommes.

Il est indubitable que le peuple possède, en vertu de la volonté divine, le droit imprescriptible de ne point être opprimé par un pouvoir illimité; il est dans l'ordre naturel que l'inviolabilité des droits nationaux soit efficacement garantie. De là découle la nécessité d'une bonne constitution, qui, en prévenant les différends, dispense d'avoir recours à une insurrection populaire pour résister à l'oppression ou à la force armée pour réprimer le désordre. A la vérité, il règne à cet égard dans la doctrine religieuse et philosophique une certaine concordance apparente sur la garantie du droit naturel qu'il est juste d'assurer à la nation de veiller à sa sécurité et à ses intérêts. Mais les juristes en politique ont déduit de cette sage proposition une fausse conclusion qui n'y est pas comprise. Ils ont fait à ce sujet le raisonnement suivant : « Afin que le peuple ne soit point opprimé, il est indispensable qu'il se gouverne par lui-même, suivant sa propre volonté. » Pour répondre à toute objection sur la difficulté de cette entreprise et donner une explication plausible de cette théorie, ils ont établi pour maxime que : « La » souveraineté consiste dans l'acte de déléguer l'au- » torité par le mode de l'élection, et que cette auto- » rité une fois déléguée devient à l'instant l'*alter* » *ego*, le remplaçant du souverain, et exerce dès » lors un pouvoir indépendant. »

Moyennant ce raisonnement, le rationalisme a privé la nation de toute existence personnelle pour la transformer en une multitude confuse d'individus isolés. C'est d'ailleurs une erreur capitale que de présenter la souveraineté comme une idée abstraite résidant dans le peuple, tandis qu'elle est une haute dignité à laquelle sont attachés la prérogative et le devoir de rendre la justice au nom de la Divinité. La souveraineté n'est pas non plus la propriété indivise de la nation, puisque, lorsque le pouvoir devient vacant, le peuple ne jouit même plus alors de la plénitude de la souveraineté. L'élection du chef de l'Etat n'est, dans aucun cas, un acte libre de la volonté nationale. Le peuple n'élève pas sur le pavois, de son plein gré, tel souverain qu'il lui plaît, mais il est tenu d'accepter l'un des prétendants qui, à divers titres, cherche à s'emparer du pouvoir, ou s'en est déjà mis en possession. La nation que dans le système actuel on suppose premier dépositaire du pouvoir suprême, n'en dispose pas selon son bon plaisir; car reconnaître un chef est un acte de soumission, un acquiescement, et non un coup d'autorité; c'est une capitulation plutôt qu'une nomination révocable du premier fonctionnaire de l'État, honoré d'un titre pompeux.

Depuis plusieurs siècles, la plupart des publicistes, sans avoir l'intention de s'écarter de la doctrine chrétienne, avaient émis et soutenu l'opinion que le peuple pouvait, de son propre mouvement, conférer l'autorité et se choisir un ou plusieurs chefs. Ce principe, qui fut admis depuis comme axiome incontestable, ne s'est jamais vérifié dans la pratique; car, comme il vient d'être dit, le choix du peuple n'est qu'un consentement forcé. On ne saurait perdre de vue que la conquête fut de tout temps un titre valable à la domination, titre qui devient légitime lorsqu'il est confirmé par une capitulation ou soumission inévitable. Il n'existe pas en politique de *summum jus* autre que la foi des traités conclus, lesquels deviennent un droit positif et la loi internationale des peuples.

On pourrait sans doute objecter que, le pouvoir passant entre les mains des conquérants, ceux-ci en font un mauvais usage lorsqu'ils n'observent pas scrupuleusement les promesses ou conditions stipulées ; mais du moins ils admettent par la signature qu'ils apposent aux traités la force du contrat par lequel ils s'obligent à les respecter. Un droit reconnu devient un élément de force, un principe de justice. C'est pourquoi ce qui a existé jusqu'ici, ce qui ne peut être aboli ni changé restera à l'avenir la meilleure garantie d'une paix durable.

Cependant rien n'est éternel et parfait ici-bas; la diplomatie plaidera sans cesse la question de droit, mais les armes, *ultima ratio regum*, seront souvent appelées à juger et décider plus tard. Dieu même n'a pas défendu la guerre à ses enfants, et dans sa sagesse infinie, il a voulu la permettre et l'établir comme un préservatif contre les vices corrupteurs que l'oisiveté, la mollesse et le luxe entraînent à leur suite.....

CHAPITRE TROISIÈME.

EXAMEN DES CAUSES DE L'ESPRIT RÉVOLUTIONNAIRE.

I.

L'attention des écrivains sérieux de l'époque actuelle s'est portée depuis quelque temps sur l'urgente nécessité de trouver un moyen d'enrayer le char révolutionnaire.

Pour atteindre ce but, il est de la plus grande importance que les conservateurs, amis de l'ordre, étudient les raisons et les causes qui ont produit tant de révolutions, et qu'ils soient d'accord entre eux sur les vérités premières, propres à fonder une doctrine sincère, véridique et conséquente dans ses théories. Ils doivent premièrement renoncer au principe illusoire de la souveraineté du peuple exercée par la souveraineté des chambres électives. Pour que la volonté de l'un soit représentée fidèlement par la volonté de l'autre, il est évident que l'identité de ces deux volontés doit être certaine et constatée en tout point. Or, cela ne peut être et n'existe jamais.

Les chambres, en substituant leur propre volonté à celle de leurs commettants, prennent la place de la nation, et s'attribuant en cette qualité un pouvoir sans restriction, elles façonnent et réglementent la société au gré des modifications et changements qu'elles introduisent dans la législation.

Pour remédier à ce vice principal des constitutions et faire cesser l'abus injuste de l'omnipotence parlementaire, il conviendrait que la nation exerçât directement une action plus efficace sur les actes de son gouvernement.

Ce qui manque aux États modernes de l'Europe, c'est le contre-poids d'une société constituée en dehors des pouvoirs publics, afin de représenter et former une puissance intermédiaire capable de réprimer, contrecarrer l'absolutisme d'un gouvernement quelconque : c'est une vérité qui, tôt ou tard, se fera jour lorsque les inconséquences, les fictions, la déception et les graves inconvénients d'un gouvernement représentatif seront avec le temps mieux appréciés et plus généralement connus. Les leçons de l'avenir viendront dissiper les illusions doctrinaires sur l'opportunité du régime parlementaire.

Le but qu'on s'est proposé dans cet écrit est de mettre en opposition aux principes libéraux la maxime fondamentale, qu'une organisation systématique de la société est la première condition de l'existence d'une nation, et de poser en fait que des institutions sociales, ayant plus d'éléments de force intrinsèque que des institutions purement politiques, sont la racine, le prélude indispensable et la sanction d'une constitution vraiment nationale. La société actuelle, multitude confuse, sans union et sans consistance, subit les caprices et les variations de la loi, dont elle ne tient qu'une existence précaire.

Toute charte écrite, rédigée en une série de principes généraux, vagues, est privée de vérité, de vie et de soutien, et ne répond jamais à l'idée spécieuse, mais inapplicable, du gouvernement du peuple par le peuple; car les députés sont improprement dénommés les représentants de leurs électeurs, dont ils n'acceptent ni mandats, ni instructions spéciales; ils ne sont au fond que les chefs des partis qui les ont portés au pouvoir.

Mais qu'importe que le gouvernement représentatif soit un mensonge? pourra-t-on objecter, pourvu que les députés élus gouvernent avec sagesse, fassent de bonnes lois, maintiennent la concorde dans les esprits, la paix publique parmi les citoyens, veillent à la conservation des libertés, administrent avec économie les finances de l'État, procurent le bien-être, l'aisance, le bonheur aux classes ouvrières, s'attirent et gagnent l'amour, l'obéissance et le dévouement du peuple; enfin pourvu qu'ils assurent par tous ces moyens la stabilité du gouvernement?

Rien n'eût été plus favorable au bien public que la réussite d'un pareil projet; mais les épreuves qui en furent faites à plusieurs reprises amenèrent de fâcheux événements, suivis de catastrophes révolutionnaires.

Plusieurs publicistes, obligés de convenir que la chambre des députés ne représente pas les volontés nationales, disent qu'elle représénte mieux que cela, c'est-à-dire des principes. Nous admettons sans difficulté cette explication, qui n'est que trop bien fondée; il est malheureusement très-vrai que les chambres représentent des principes divers et fort opposés, souvent même des doctrines subversives. Mais est-il prudent de la part des doctrinaires libéraux d'aborder cette question délicate, dont la discussion fournira toujours les plus forts et sérieux arguments contre la bonté de ce régime parlementaire auquel a mis fin heureusement dans la France le gouvernement impérial?

II.

Les récriminations contre la première révolution sont désormais superflues. Ce notable événement, préparé sous le règne de Louis XV, était devenu inévitable; et s'il eût été bien dirigé à son début, il eût pu devenir avantageux à la France : il n'en fut pas ainsi! Mais ce n'est pas sur le passé, c'est uniquement sur l'état présent des choses que la discussion peut porter.

Les principes de 1789, disent aujourd'hui les libéraux, n'étaient qu'un point de départ pour arriver, c'est-à-dire pour asseoir la civilisation sur une base philosophique, et faire participer dans une égale proportion tous les habitants aux bienfaits de l'état social; on ne doit pas trouver étonnant que les premiers essais de ces nobles principes aient échoué. La France conservatrice, qui a réprimé chaque fois les écarts de la révolution, persévère dans la pieuse espérance que des essais plus habiles assureront le bonheur du peuple; elle arrivera ainsi à la découverte d'une solide constitution qui, attendue depuis plus de soixante ans, doit un jour perfectionner et fonder les sages institutions que le libéralisme réclame pour maintenir en vigueur les trois principes fondamentaux de l'égalité, de la liberté et de la souveraineté du peuple.

L'erreur de ces libéraux est de ne point comprendre ni vouloir reconnaître que leur point de départ, loin d'émettre et de poser des propositions exactes et clairement énoncées, évoque au contraire et soulève un vaste problème complexe, indéfini, lequel est composé de nombreux problèmes partiels, également indécis, hérissés d'équivoques, d'ambiguïtés, et susceptibles de vagues interprétations : d'où il s'ensuit que les meilleurs esprits s'égarent dans la recherche du sens précis qui s'attache aux mots sacramentaux de liberté, égalité, démocratie, souveraineté du peuple, suffrage électoral, représentation nationale, etc., et qu'ils ne sont jamais d'accord sur l'application plus ou moins stricte, et sur l'extension qu'il convient de donner à chacun de ces divers principes dans la vie des peuples.

Si la théorie n'a pu dissiper les doutes qui s'élèvent sur ces questions litigieuses ni fonder une doctrine fixe, invariable, qui recueille l'adhésion collective de tous les partis libéraux sortis de la révolution, comment les factions ennemies pourront-elles se rapatrier et surmonter les difficultés que présentent leurs propres dissensions et la variété de leurs opinions?

Il existe entre les partisans des idées modernes, entre les modérés et les progressistes, les royalistes constitutionnels et les républicains purs, les radicaux ou socialistes exaltés, des nuances tranchantes et fortement prononcées sur tous les points touchant la politique. Aucune pacification n'a rapproché ces partis, travaillant infatigablement à la chute les uns des autres.

Comment, sous de pareilles données, la révolution peut-elle finir?

Les conflits perpétuels de la tribune, les troubles publics, les insurrections, les combats meurtriers dans les rues de la capitale et des grandes villes,

les infâmes assassinats politiques, la licence effrénée du journalisme, étaient depuis longtemps autant de symptômes d'un grand désordre et le prélude de la chute de ces constitutions, d'autant plus fragiles qu'elles sont dépourvues de ce prestige de l'autorité qui fait la force d'un gouvernement. Enfin, les assemblées législatives sans cesse en désaccord, semant au dehors l'anarchie qui règne dans leur propre sein, n'ont pu gagner la confiance du peuple ni s'attirer l'affection de l'armée, qui s'attache de préférence à un chef militaire qu'elle estime et juge digne du commandement.

Tous ces faits irrécusables ne révèlent-ils pas et n'ont-ils pas déjà révélé au bon sens, à la raison du peuple, comme aux yeux de la jeune génération exempte de préjugés enracinés, que le libéralisme moderne nourrit et perpétue cette même idée révolutionnaire que les jacobins, les girondins et plus tard les démocrates de 1848, travaillèrent par tous les moyens à personnifier en France sous les emblèmes de la république démocratique?

Les peuples ne se lasseront-ils pas de voir sans cesse la répétition des mêmes comédies dont les dénoûments, toujours tragiques, laissent planer sur l'avenir les mêmes incertitudes, signes précurseurs de nouveaux désastres et de plus grands malheurs?

Les doctrines insensées du socialisme ont été réfutées par les plus solides raisons dans un grand nombre d'écrits; mais doit-on en conclure que les récriminations que les sectes socialistes fulminent contre l'état social du dix-neuvième siècle soient des plaintes absurdes et sans fondement? Ne faut-il pas plutôt apprécier avec impartialité les justes motifs de mécontentement que donne à la classe pauvre le monopole que les capitaux ont accaparé par la fabrication et la vente de tous les objets de commerce? de sorte que le prolétaire ne produit et ne vend plus rien pour son propre compte; l'industrie en grand absorbe tous les profits, et les capitalistes, les sociétés d'actionnaires font des fortunes colossales?

Depuis que la mécanique file, coud, tisse et confectionne tous les ouvrages, l'ouvrier n'est plus qu'une machine accolée à d'autres machines. N'est-il pas évident que l'invention et l'emploi de ces machines ont successivement enlevé au peuple les ressources les plus précieuses, le gain assuré de son travail manuel? C'est une dérision de parler de grande civilisation, de la prospérité du siècle actuel dans les pays où la fièvre industrielle a rendu la misère du prolétariat d'année en année plus intolérable.

L'Angleterre avec ses immenses richesses, jointes à la profonde misère de sa population ouvrière, apparaîtrait-elle un véritable pays de Cocagne dans ce bas monde?

Les économistes modernes, quelle que soit l'école à laquelle ils appartiennent, ne connaissent pas d'autre remède pour mettre le prolétariat à l'abri des souffrances, que d'augmenter autant que possible la production des objets fabriqués.

M. Thonissen donne un calcul mathématique par lequel il fait voir que le nivellement des fortunes prêché par les communistes, ou, suivant le système du socialisme, la participation aux bénéfices que le fabricant prélève sur les produits de l'atelier, sans apporter le moindre soulagement aux classes laborieuses, rendrait leur sort plus précaire. Il dit à la page 298, vol. II : « Augmenter le capital, accroître la production, voilà le véritable but vers lequel, dans l'ordre matériel, tous les amis de l'ordre doivent diriger leurs efforts ! »

Ces deux propositions ne seraient pas même avantageuses ; car, si l'accroissement de la production que favorisent les nouveaux procédés est chose facile, la difficulté d'écouler les marchandises s'accroît en raison même de leur quantité. L'activité industrielle et commerciale qui s'est portée sur tous les objets n'est pas susceptible de s'accroître au gré des désirs et des espérances de la science économique. Le capital, quelque considérable qu'il soit, ne possède pas les vertus d'une panacée universelle. A quoi servirait cette quantité de produits plus considérable que les besoins de la consommation ?

Les économistes ne prétendront pas que la baisse du prix des objets de luxe soit d'un grand avantage pour la multitude, à laquelle il importe avant tout que le salaire de la journée soit suffisant et plus assuré, que les denrées de première nécessité se maintiennent toujours à des prix modérés. Voilà en somme le problème essentiel que l'avenir aura à résoudre dans un court délai.

Si, comme on l'a dit, le meilleur thermomètre du plus ou moins de popularité d'un gouvernement est la souffrance ou le bien-être du peuple, c'est une nécessité impérieuse, non moins qu'un devoir, de travailler à l'amélioration de son sort. Des palliatifs, en atténuant la gravité d'un mal, ne servent qu'à en prolonger la durée, et le rendent plus tard incurable et mortel.

Le projet de M. Thonissen ne tendrait qu'à rendre plus funeste la rivalité entre les États de l'Europe, en accroissant les richesses de l'un au détriment de l'autre. Il aurait surtout l'inconvénient d'accroître la cupidité des riches spéculateurs qui, sous le prétexte du bien public, se livreraient à des entreprises lucratives : ce système de liberté industrielle, admiré, prôné par les uns, est flétri par les autres du nom de l'exploitation de l'homme par l'homme : *indè iræ*.

CHAPITRE QUATRIÈME.

LA VÉRITÉ SUR LES PRINCIPES DE 1789.

Les principes de 1789, toujours admirés, applaudis et prônés, reparaissent sans cesse comme le refrain obligé de tous les discours, de tous les écrits. Les diverses interprétations qu'ils ont subies leur ont fait perdre leur pureté primitive. Il est opportun de remonter à leur origine et de les soumettre à l'appréciation impartiale de juges plus compétents, plus instruits par l'expérience des temps modernes que n'étaient les hommes du dix-huitième siècle, dont l'enthousiasme et les passions égaraient l'intelligence.

Le texte suivant de la première constitution contient l'ensemble de ces principes.

Déclaration des droits naturels de l'homme

contenue dans la Constitution de 1791.

Les représentants du peuple français constitués en assemblée nationale, considérant que l'ignorance, l'oubli ou le mépris des droits de l'homme sont les seules causes des malheurs publics et de la corruption des gouvernements, ont résolu d'exposer dans une déclaration solennelle les droits naturels, inaliénables et sacrés de l'homme, afin que cette déclaration, constamment présente à tous les membres du corps social, leur rappelle sans cesse leurs droits et leurs devoirs, afin que les actes du pouvoir législatif et ceux du pouvoir exécutif, pouvant être à chaque instant comparés avec le but de toute institution politique, en soient plus respectés ; afin que les réclamations des citoyens, fondées désormais sur des principes simples et incontestables, tournent toujours au maintien de la constitution et au bonheur de tous.

En conséquence, l'assemblée nationale reconnaît et déclare, en présence et sous les auspices de l'Être suprême, les droits suivants de l'homme et du citoyen :

ARTICLE PREMIER.

Les hommes naissent et demeurent libres et égaux en droits. Les distinctions sociales ne peuvent être fondées que sur l'utilité commune.

ART. 2.

Le but de toute association politique est la conservation des droits naturels et imprescriptibles de l'homme. Ces droits sont la liberté, la propriété, la sûreté et la résistance à l'oppression.

ART. 3.

Le principe de toute souveraineté réside essentiellement dans la nation. Nul corps, nul individu ne peut exercer d'autorité qui n'en émane expressément.

ART. 4.

La liberté consiste à pouvoir faire tout ce qui ne nuit pas à autrui : ainsi l'exercice des droits naturels de chaque homme n'a de bornes que celles qui assurent aux autres membres de la société la jouissance de ces mêmes droits. Ces bornes ne peuvent être déterminées que par la loi.

Art. 5.

La loi n'a le droit de défendre que les actions nuisibles à la société. Tout ce qui n'est pas défendu par la loi ne peut être empêché, et nul ne peut être contraint à faire ce qu'elle n'ordonne pas.

Art. 6.

La loi est l'expression de la volonté générale. Tous les citoyens ont droit de concourir personnellement ou par leurs représentants à sa formation. Elle doit être la même pour tous, soit qu'elle protége, soit qu'elle punisse. Tous les citoyens étant égaux à ses yeux, sont également admissibles à toutes dignités, places et emplois publics, selon leur capacité, et sans autre distinction que celle de leurs vertus et de leurs talents.

Art. 7.

Nul homme ne peut être accusé, arrêté ni détenu que dans les cas déterminés par la loi et selon les formes qu'elle a prescrites. Ceux qui sollicitent, expédient, exécutent ou font exécuter des ordres arbitraires doivent être punis, mais tout citoyen appelé ou saisi en vertu de la loi doit obéir à l'instant; il se rend coupable par la résistance.

ART. 8.

La loi ne doit établir que des peines strictement et évidemment nécessaires, et nul ne peut être puni qu'en vertu d'une loi établie et promulguée antérieurement au délit et légalement appliquée.

ART. 9.

Tout homme étant présumé innocent jusqu'à ce qu'il ait été déclaré coupable, s'il est jugé indispensable de l'arrêter, toute rigueur qui ne serait pas nécessaire pour s'assurer de sa personne doit être sévèrement réprimée par la loi.

ART. 10.

Nul ne doit être inquiété pour ses opinions, même religieuses, pourvu que leur manifestation ne trouble pas l'ordre public établi par la loi.

Art. 11.

La libre communication des pensées et des opinions est un des droits les plus précieux de l'homme; tout citoyen peut donc parler, écrire, imprimer librement, sauf à répondre de l'abus de cette liberté, dans les cas déterminés par la loi.

Art. 12.

La garantie des droits de l'homme et du citoyen nécessite une force publique; cette force est donc instituée pour l'avantage de tous, et non pour l'utilité particulière de ceux auxquels elle est confiée.

Art. 13.

Pour l'entretien de la force publique et pour les dépenses d'administration, une contribution commune est indispensable : elle doit être également répartie entre tous les citoyens à raison de leurs facultés.

Art. 14.

Tous les citoyens ont le droit de constater par eux-mêmes ou par leurs représentants la nécessité de la contribution publique, de la consentir librement, d'en suivre l'emploi et d'en déterminer la quotité, l'assiette, le recouvrement et la durée.

ART. 15.

La société a le droit de demander compte à tout agent public de son administration.

ART. 16.

Toute société dans laquelle la garantie des droits n'est pas assurée, ni la séparation des pouvoirs déterminée, n'a point de constitution.

ART. 17.

La propriété étant un droit inviolable et sacré, nul ne peut en être privé, si ce n'est lorsque la nécessité publique, légalement constatée, l'exige évidemment, et sous la condition d'une juste et préalable indemnité.

CONSTITUTION FRANÇAISE.

L'assemblée nationale, voulant établir la constitution française sur les principes qu'elle vient de reconnaître et de déclarer, abolit irrévocablement les institutions qui blessaient la liberté et l'égalité des droits.

Il n'y a plus ni noblesse, ni pairie, ni distinctions héréditaires, ni distinctions d'ordres, ni régime féodal, ni justices patrimoniales, ni aucun des titres, dénominations et prérogatives qui en dérivaient, ni aucun ordre de chevalerie, ni aucune des corporations ou décorations pour lesquelles on exigeait des preuves de noblesse, ou qui supposaient des distinctions de naissance, ni aucune autre supériorité que celle de fonctionnaires publics dans l'exercice de leurs fonctions.

Il n'y a plus, pour aucune partie de la nation,

ni pour aucun individu, aucun privilége ni exception au droit commun de tous les Français.

Il n'y a plus ni jurandes, ni corporations de professions, arts et métiers.

La loi ne reconnaît plus ni vœux religieux, ni aucun autre engagement qui serait contraire aux droits naturels ou à la constitution.

TITRE PREMIER.

Dispositions fondamentales garanties par la Constitution.

La constitution garantit, comme droits naturels et civils :

1° Que tous les citoyens sont admissibles aux places et emplois sans autre distinction que celle des vertus et des talents;

2° Que toutes les contributions seront réparties entre tous les citoyens également en proportion de leurs facultés;

3° Que les mêmes délits seront punis des mêmes peines, sans aucune distinction des personnes.

La constitution garantit pareillement, comme droits naturels et civils :

La liberté à tout homme d'aller, de rester, de partir sans pouvoir être arrêté ni détenu, que selon les formes déterminées par la constitution ;

La liberté à tout homme de parler, d'écrire, d'imprimer et de publier ses pensées, sans que ses écrits puissent être soumis à aucune censure ni inspection avant leur publication, et d'exercer le culte religieux auquel il est attaché ;

La liberté aux citoyens de s'assembler paisiblement et sans armes, en satisfaisant aux lois de la police ;

La liberté d'adresser aux autorités constituées des pétitions signées individuellement.

Le pouvoir législatif ne pourra faire aucunes lois qui portent atteinte et mettent obstacle à l'exercice des droits naturels et civils consignés dans le présent titre, et garantis par la constitution ; mais comme la liberté ne consiste qu'à pouvoir faire tout ce qui ne nuit ni aux droits d'autrui, ni à la sûreté publique, la loi peut établir des peines contre les actes qui, attaquant ou la sûreté publique, ou les droits d'autrui, seraient nuisibles à la société.

La constitution garantit l'inviolabilité des propriétés, ou la juste et préalable indemnité de celles dont la nécessité publique, légalement constatée, exigerait le sacrifice.

Les biens destinés aux dépenses du culte et à tous les services d'utilité publique appartiennent à la nation, et sont dans tous les temps à sa disposition.

La constitution garantit les aliénations qui ont été ou qui seront faites suivant les formes établies par la loi.

Les citoyens ont le droit d'élire ou de choisir les ministres de leur culte.

Il sera créé et organisé un établissement général de secours public pour élever les enfants abandonnés, soulager les pauvres et fournir du travail aux pauvres valides qui n'auraient pas pu s'en procurer.

Il sera créé et organisé une instruction publique, commune à tous les citoyens, gratuite à l'égard des parties d'enseignement indispensables pour tous les hommes, et dont les établissements seront distribués graduellement dans un rapport combiné avec la division du royaume.

Il sera établi des fêtes nationales pour conserver le souvenir de la révolution française, entretenir la fraternité entre les citoyens et les attacher à la constitution, à la patrie et aux lois.

Il sera fait un code de lois civiles communes à tout le royaume.

. . . .

TITRE III.

Des pouvoirs publics.

Article premier.

La souveraineté est une, indivisible, inaliénable et imprescriptible. Elle appartient à la nation; aucune section du peuple ni aucun individu ne peut s'en attribuer l'exercice.

Art. 2.

La nation, de qui seule émanent tous les pouvoirs, ne peut les exercer que par délégation.

La constitution française est représentative; les représentants sont le corps législatif et le roi.

ART. 3.

Le pouvoir législatif est délégué à une assemblée nationale, composée de représentants temporaires, librement élus par le peuple, pour être exercé par elle, avec la sanction du roi, de la manière qui sera déterminée ci-après.

ART. 4.

Le pouvoir est monarchique : le pouvoir exécutif est délégué au roi, pour être exercé sous son autorité par des ministres et autres agents responsables, de la manière qui sera déterminée ci-après.

ART. 5.

Le pouvoir judiciaire est délégué à des juges élus à temps par le peuple.

. . . . .

Le libéralisme doctrinaire, comme on le sait, n'est point admirateur, encore moins ami de la république, pourquoi vanter, glorifier sans cesse les plus formidables principes de 1791, qui sont incompatibles avec la monarchie et la stabilité des trônes, pourquoi ne pas rompre ouvertement avec une pareille théorie révolutionnaire? Si les législateurs philosophes dans la première assemblée constituante ne voulaient réellement que le bien de l'humanité, ils ne l'ont pas compris : qu'il nous soit permis de scruter le sens, de sonder la portée de leur doctrine, et de soumettre au jugement du lecteur quelques observations courtes et sommaires sur les dangers qu'elle présente.

1° Dans les articles 1 et 2, il est dit : « Les hommes naissent et demeurent libres et égaux en droits, lesquels sont : La liberté, la propriété, la sûreté et la résistance à l'oppression. » Or, les lois de la nature existent antérieurement aux préceptes établis par cette nouvelle législation, et imposent aux sociétés humaines une inexorable nécessité, celle de varier le travail, de répartir l'ouvrage en diverses industries, métiers, arts et professions; de là résultent inévitablement des classes distinctes de la population, et conséquemment de très-grandes inégalités sociales, qu'aucun gouvernement ne saurait abolir. Le genre humain se trouve assujetti à l'obligation impérieuse de s'adonner à des travaux de tout genre pour subvenir aux besoins de la vie et même aux besoins factices que les progrès toujours croissants de l'industrie lui ont créés, ce qui exclut toute possibilité d'égalité parfaite entre les hommes. Le libéralisme n'a pas la folle prétention de changer cet ordre de choses; mais il voulut assurer, par des dispositions légales, aux hommes de la classe ouvrière la pleine liberté de courir les chances de la fortune et de parvenir par l'assiduité au travail à tous les avantages de la richesse, et même aux plus hauts degrés de l'échelle sociale. Ce jeu à la loterie n'est qu'un trompeur appât pour le peuple : celui-ci n'est pas philosophe, et ne demande point cet idéal de grandeur et de jouissance qui lui est offert en perspective; ses vœux se bornent à remplir l'obligation rigoureusement imposée par le Créateur de gagner sa vie à la sueur de son front. C'est le droit au travail et non à la richesse qu'il réclame.

2° Quant à l'article 3, suivant lequel le principe de toute souveraineté réside dans la nation, c'est une conception métaphysique, un système fantasque, sans réalité comme sans application. La providence divine prend soin de corriger les folles prétentions des philosophes, et ne permettra pas que leurs œuvres fassent échouer les desseins impénétrables de la sagesse infinie et de la volonté du Créateur sur les destinées de l'humanité dans ce monde comme dans l'autre.

3° Si, comme l'enseigne l'article 6, des droits de l'homme et du citoyen, la loi était en effet l'expression de la volonté générale, nous n'hésiterions pas à reconnaître que le gouvernement représentatif est une vérité, un fait en lui-même. Mais c'est une supercherie, une mystification de soutenir que les votes de la majorité des électeurs d'un pays possèdent la vertu singulière d'identifier tellement les chambres et la nation, que toute loi rendue et promulguée devient le synonyme de la volonté générale. Les intrigues, la corruption, les associations électorales, l'intérêt des partis, l'intimidation même concourent habituellement à la formation et à la transformation des lois.

4° L'article 10 autorise la prédication de toutes

les religions, la manifestation et le prosélytisme de toutes les sectes religieuses, au risque de troubler l'union et la paix de la société. Partout se retrouve la même idée dominante de faire plus de cas de la liberté que de la tranquillité et de l'ordre public.

3° Pour faire ressortir l'inconvenance de l'article 11, il suffit d'exprimer sans feinte et sans réserve, et de compléter le vrai sens qu'il renferme dans les termes suivants :

« La libre communication des pensées et des opi-
» nions est un des droits les plus précieux de
» l'homme : tout citoyen peut donc parler, écrire,
» imprimer librement, » et *propager des opinions coupables et impies, des principes pervers et insensés, sauf à répondre ensuite devant un jury tiré au sort du mal qu'auront produit ses discours et ses écrits.*

Or, la loi qui établit des peines contre l'abus de la liberté de la presse est une vaine précaution qui reste au fond infructueuse, parce qu'il y a contradiction à vouloir maintenir en vigueur l'exercice d'un principe dangereux en lui-même, et prétendre écarter en même temps les graves inconvénients qui en sont la suite; car une répression tardive, incertaine et toujours insuffisante, n'équivaut jamais à un contre-poison efficace du mal que répand une presse désordonnée et audacieuse; la guerre opiniâtre qui s'élève entre les opinions politiques que font germer dans toutes les têtes des écrits nombreux, est le prélude de luttes plus sanglantes et d'inévitables révolutions.

6° Dans l'article 15 il est dit : que la société est investie du droit de demander compte à tout agent public de son administration. Que signifie ici cette expression de société? Désigne-t-elle les représentants ou les représentés? Aux termes de la constitution, le gouvernement possède seul le droit de réprimer les injustices commises par ses agents; aucune classe de citoyens ne peut s'attribuer une autorité quelconque, la nation délègue simplement les pouvoirs publics et n'a point d'action directe sur les affaires de l'État; le peuple est le sujet de la loi rendue par les chambres; mais cette même constitution lui a formellement réservé le droit d'avoir recours à l'insurrection pour résister à l'oppression dans cette occasion. Le peuple reprenant ses droits primitifs, agit comme la société souveraine en personne, et rentre dans l'exercice de la souveraineté absolue.

Cette interprétation, qui s'applique aux articles 2, 3 et 15, doit paraître d'autant plus naturelle que des événements semblables se sont réalisés dans plusieurs circonstances.

7° Le plus grand tort du roi Louis XVI fut de souscrire et prêter serment à cette constitution, ainsi que d'accepter par cet acte le rôle de délégué de la nation et de premier fonctionnaire héréditaire de l'État. Il renonçait par là au droit ancien par lequel sa dynastie régnait légitimement depuis des siècles.

8° Les articles 7, 8, 9, 12, 13, 17 ne contiennent pas d'idées neuves, ce sont des règles générales propres à tout gouvernement régulier; on retrouve ces sages dispositions insérées avec le même soin dans la constitution du 24 juin 1793, dont l'article 6, des droits de l'homme, s'exprime ainsi : La liberté a sa limite morale dans cette maxime : « Ne fais pas à un autre ce que tu ne veux pas qu'il te soit fait; » et l'article 9 ajoute que la loi doit protéger la liberté publique et individuelle contre l'oppression de ceux qui gouvernent. Le régime de la terreur, en couvrant la France d'échafauds, donna bientôt l'explication de ces hypocrites promesses proclamées dans la charte républicaine.

CHAPITRE CINQUIÈME.

DANS LES DOCTRINES DE LA POLITIQUE PHILOSOPHIQUE, PROMETTRE EST UN, ET TENIR EST UN AUTRE.

I.

Dans la constitution de 1814, plusieurs infractions furent faites aux droits naturels de l'homme et du citoyen : une transaction s'est opérée entre les deux principes monarchique et populaire; la nouvelle loi fondamentale donnait aux chambres un mentor, qui est un roi héréditaire ayant le droit et le pouvoir de les dissoudre et de les convoquer par de nouvelles élections. Dans cette combinaison, le roi n'est plus simplement un premier fonctionnaire comme en 1791, mais il forme conjointement avec les deux chambres un troisième corps législatif, un troisième pouvoir.

Lorsque les classes moyennes, actives, intelligentes, eurent pris en 1830 la gestion des affaires publiques, le programme de l'égalité politique fut adroitement, furtivement éludé, et la démocratie resta privée du droit de prendre part aux élections, à la formation des chambres. Ce nouveau système n'étant qu'une solution évasive du problème qu'avaient soulevé les principes de 1789, escamotait les droits de la classe la plus nombreuse du peuple au profit de la plus riche. Par cette habile manœuvre, le parti doctrinaire se flattait d'avoir accompli l'œuvre salutaire de mettre en harmonie l'ordre et la liberté, et acquit la pleine et intime conviction que la révolution de 1830 était le complément et la fin de celle de 1789, et que le pouvoir fondé en juillet avait jeté dans le pays des racines profondes que rien ne pouvait ébranler. Telle fut assez généralement alors l'opinion des hommes de ce parti. Fatale illusion qui se prolon ge jusqu'au dernier instant.

Un des publicistes les plus distingués du siècle, qui fut longtemps ministre, « M. Guizot » resta toujours fidèle à ses convictions. Les principes qu'il professe, ses grands talents, la puissante éloquence de ses écrits et de ses discours, l'ont placé à la tête du parti qui prend le titre de conservateur. Dans la *Revue contemporaine*, en date du 1er avril 1855, il a inséré un article remarquable, intitulé : *Nos mécomptes et nos espérances!*

Cet écrit contient de profondes vérités sur les illusions, les erreurs et les mécomptes des temps et des générations modernes, et sur les fautes qu'il reproche à toutes les classes de la société. Toutefois les conseils qu'il donne ne changeront pas les défauts du caractère de l'humanité qu'il dépeint si bien, et qui feront toujours échouer les espérances et les beaux plans fondés sur *le régime d'ordre légal et de liberté politique que la France a possédés sous le gouvernement de juillet, qui, fidèle à sa mission, a vécu et est tombé dans l'enceinte de la charte qu'il avait jurée.*

En rendant cette justice au gouvernement de juillet, qui fut fidèle à son programme comme à tous ses engagements, M. Guizot, loin de fournir une preuve en faveur de la bonté des institutions de ce régime, fait plutôt planer sur celles-ci le blâme d'avoir laissé sans secours et sans appui la chose publique au moment du danger et facilité la perte instantanée de la monarchie.

On ne peut méconnaître, dans la dissertation qu'il entreprend pour relever le zèle et l'espoir des libéraux, le soin particulier qu'il prend à ne proposer, à ne préciser aucun plan de conduite, à ne point traiter à fond les questions difficiles qui divisent les esprits, à se borner à donner des conseils bénévoles : la seule conclusion à laquelle il arrive est que : hors du système représentatif, il n'y a point de salut.

L'auteur appuie ses raisonnements et fonde le plus grand espoir sur la grande idée de l'*unité humaine*, de laquelle dérive *le droit commun de l'humanité à la justice, à la sympathie, à la liberté, qui sont, comme on voudra l'appeler, un principe, une idée, un sentiment; c'est un devoir commun d'étendre ces trois bienfaits à tous les hommes. Le christianisme travaille à cette œuvre depuis quinze siècles sans l'avoir accomplie. Dieu en a déposé dans l'homme le besoin et le germe, et de gré ou de force, par devoir ou par calcul, tout le monde met tour à tour la main à cette grande œuvre.*

Cet augure conjectural de l'auteur promet dans l'avenir l'accomplissement parfait des principes chrétiens destinés à passer dans l'état social du genre humain, et prédit la venue de ce paradis politique sur la terre promise.

M. Guizot poursuit avec conviction et persévérance un but irréalisable, celui d'éteindre l'esprit révolutionnaire, en entretenant cependant les illusions et les espérances trompeuses qui lui ont fatalement donné naissance. Après tant d'attristants revers, reparaissent les mêmes idées en d'autres termes : aux mots d'égalité, de fraternité, de souveraineté du peuple, sont substitués ceux de justice, de sympathie et de liberté politique : sous un langage chrétien sont reproduites les théories qu'avait inventées le philosophisme humanitaire ; il est certain cependant que les saintes Écritures n'enseignent nulle part, comme dogmes religieux et articles de foi, la souveraineté du peuple ni le principe de la démocratie, et il n'est pas vrai de prétendre que le christianisme déclare répréhensible tout gouvernement qui n'adopte pas les principes fondamentaux de la politique philosophique; au contraire, il admet toutes les formes de gouvernement compatibles avec la tranquillité du pays, avec l'ordre et la stabilité.

Dans un autre passage, l'auteur explique clairement que dans la société il n'existe aujourd'hui que trois classes : les grands et riches propriétaires, les industriels appliqués à exploiter les terres ou capitaux de tout genre qu'ils possèdent, les prolétaires vivant de leur travail; et que les mots aristocratie, démocratie, bourgeoisie, noblesse, hiérarchie, ne correspondent point exactement ux faits qui constituent la société française. On n'y rencontre point d'aristocratie proprement dite; mais il y a autre chose que de la démocratie, c'est-à-dire les classes différentes qui ne sauraient ni se détruire, ni s'annuler les uns les autres.

Tout ce qu'énonce ici M. Guizot est d'une vérité incontestable; mais lorsqu'il dit ensuite : « Que ces » éléments distincts de la société cessent donc de se

» combattre, qu'ils vivent ensemble et en paix, car » la liberté et le repos de la France sont à ce prix ; » il exprime un simple vœu, et suppose, sans chercher à le poser lui-même, un problème ardu et compliqué dont il laisse à la postérité le soin de fixer les bases et les conditions, et d'en amener l'heureuse solution afin d'établir entre ces trois éléments sociaux une alliance solide et une paix durable.

Il ajoute ailleurs les passages suivants : « Nous » avons cherché par toutes sortes de voies, sous les » drapeaux les plus divers, ce régime d'ordre légal » et de liberté politique, cette intervention active et » efficace du pays dans son gouvernement qui était » incontestablement, en 1789, le vœu et l'espoir de » nos pères. Nous y avons touché, nous l'avons possédé; il est tombé!... Peut-il jamais, après tant » d'épreuves, se relever de ce tort et de ce malheur?

» Je repousse cette prétention d'élever contre le » régime constitutionnel, seul et par préférence, ce » grief redoutable..... Les régimes divers ont tous » été tour à tour enveloppés et emportés dans cet » orage..... Nous avons traversé je ne sais combien » de révolutions; pourquoi ces violences, ces luttes,

» ces révolutions n'ont-elles pas fait plus de mal
» encore ?.... N'est-ce pas évidemment par l'in-
» fluence survivante du régime d'ordre légal, de
» droit et de liberté qui les avait précédées ? »

A ces arguments on peut et doit répondre que ce qui contribua plus efficacement à prévenir les maux qu'on redoutait, ce fut l'influence des souvenirs du régime de 93, et non pas les traditions et les réminiscences du régime précédent. Le gouvernement de juillet, qui fut lui-même emporté dans cet orage qui soufflait sur l'Europe, n'a point de juste sujet de se prévaloir de ses dix-huit années d'une existence pénible, qui fut souvent accompagnée de troubles intérieurs. Les vieilles monarchies de l'Europe avaient duré bien des siècles avant d'être renversées, et de chercher un refuge et un asile sous les formes nouvelles de la politique.

II.

Il suffira de relater ici quelques faits bien connus pour rappeler l'attention sur les péripéties de la dernière catastrophe.

En juillet 1830, le parti conservateur comprima heureusement, par des mesures promptes, hardies et bien concertées, la démagogie républicaine, et sauva la France de l'abîme qu'ouvrait devant elle la révolution imprévue qui venait d'abattre un trône constitutionnel. La maxime *salus populi suprema lex* justifie complétement les irrégularités de la conduite qu'il tint en cette occasion, sans l'absoudre néanmoins des erreurs et des funestes suites de sa politique ultérieure, qui fut inhabile à fonder, inhabile à conserver.

Les chambres, à cette époque, furent assez puissantes pour octroyer au pays une charte de leur façon et faire un roi des Français, en déclarant que l'intérêt universel et pressant du peuple appelle au trône Louis-Philippe d'Orléans. Il y avait dans l'œuvre qu'elles accomplirent une grande inconséquence, car, en omettant de convoquer une assemblée constituante, elles lésaient évidemment, et usurpaient les droits du peuple, puisque les électeurs, n'étant point convoqués, n'ont point concouru au choix du nouveau monarque, ni aux amendements introduits dans la loi fondamentale. Ces chambres avaient répondu au coup d'État que le roi Charles X avait imprudemment tenté en rendant les ordonnances du 25 juillet par un autre coup d'État de leur part, qui déclarait le trône vacant et changeait la personne du monarque.

Le 9 août, le duc d'Orléans se rendit au palais de la chambre des députés, accepta la couronne qui lui était offerte et les clauses contenues dans la charte amendée; les départements n'apprirent que le 10 août cet événement. Le nouveau roi resta pendant son règne fidèle au serment qu'il prêta, mais les chambres furent sans force pour le maintenir ou le remettre sur le trône, et même pour sauvegarder la part de souveraineté qui revenait à la représentation nationale. La démocratie a remporté une victoire facile sur le pouvoir légal, réduit à l'inaction.

Il est constaté que le comité central des sociétés secrètes s'est établi à Paris dans l'année 1834; longtemps après, le parti conspirateur, se jouant adroitement du royalisme libéral, vint prendre place et siéger dans les banquets de la réforme, puis bientôt après dicter en vainqueur, le 24 février 1848, ses ordres souverains. Ces sectes factieuses n'étaient-elles pas à cette époque plus habiles et plus puissantes que la monarchie constitutionnelle avec tous ses ministres et ses deux chambres? Les gardes nationaux, fraternisant avec les émeutiers, assurèrent le triomphe de la révolte, la royauté semblait paralysée, et la bourgeoisie, sans union, sans institutions aucunes, sans moyen d'action, resta simple spectatrice de ces scènes de désordre! Certes, ce n'est pas à la délibération unanime et libre du peuple français que revient l'honneur de cette révolution républicaine.

III.

Le gouvernement de Louis-Philippe, enlacé dans les filets qu'un libéralisme imprudent avait tendus autour de son berceau, et ne pouvant s'en dégager sans déroger à sa mission et manquer à ses devoirs, a disparu promptement devant les émeutes de Paris. Cette chute presque instantanée ne doit-elle pas être attribuée à la faiblesse des garanties que donnait au pouvoir royal la constitution de 1830, qu'un souffle a renversée.

Le peuple de la capitale, les partisans de la réforme, la jeunesse des villes du royaume, une foule de républicains, de progressistes, les journaux surtout, en agissant de concert, ont amené ce prompt dénoûment révolutionnaire.

Ce n'est pas le roi seul, c'est le système qui est tombé avec toutes ses appartenances.

La duchesse d'Orléans et son fils, accompagnés du duc de Nemours, assistèrent eux-mêmes à l'agonie de la royauté dans la chambre des représentants, sans y trouver un seul protecteur. Le sol de la France semblait se dérober sous les pas du roi fugitif, voyageant en inconnu vers les rives d'Angleterre. Cette funeste fin couronna l'œuvre de la charte vérité sous le plus triste aspect.

Les malheurs de cette journée ne retombent ni sur le roi Louis-Philippe, ni sur ses ministres; mais ils furent la conséquence d'un malheureux régime, que battait journellement en brèche une presse indomptable.

Depuis dix-huit ans, l'anarchie politique allait croissant; jusque sur les bancs du sanctuaire des lois s'élevaient des oppositions factieuses et conspiratrices.

Qu'on mette en regard du tableau que présente la royauté de Louis-Philippe l'empire créé par Napoléon, sacré et couronné empereur par le pape de l'Église romaine; cet empire n'est point mollement tombé; il succomba aux attaques de l'Europe coalisée : la guerre offensive, principe malheureux, causa sa perte! Mais pendant un règne qui fut longtemps glorieux, l'intérieur du pays jouissait d'un calme parfait, exempt de troubles et d'inquiétudes. Le culte catholique rétabli, les prêtres rappelés, les autels du Seigneur rouverts à la piété des fidèles furent pour la France des bienfaits réels et durables.

Sous le rapport de la sécurité publique et de la tranquillité intérieure du pays, la comparaison n'est pas à l'avantage du régime constitutionnel sous le règne de Louis-Philippe, pendant lequel le canon et la mitraille ensanglantèrent de temps à autre les villes du royaume pour la défense du gouvernement, et reversaient l'impopularité sur le gouvernement lui-même.

L'influence survivante du régime précédent ne s'est pas fait sentir dans la rédaction de la déplorable constitution républicaine. L'assemblée constituante n'hésita pas à se placer à la tête du mouvement, à proclamer l'abolition de la royauté, le suffrage universel, et le règne de la démocratie. Quoique le mot social, en dépit des clameurs populaires, n'ait été ni admis, ni articulé dans l'acte constitutionnel, le peuple n'en conservait pas moins le droit et le pouvoir de donner plus tard une forme légale et vivifiante au socialisme républicain, si tel était, à l'époque de nouvelles élections, son bon plaisir. La chambre législative aussi fut sans influence salutaire comme sans force, car elle avait contre elle le parti socialiste, la plus grande partie de la population des campagnes et la désaffection de l'armée. Elle commit la faute de donner le signal des troubles civils qu'elle ne maîtrisa pas : la guerre qui éclata entre les insurgés et l'armée en décembre 1851, quelle qu'en eût été l'issue, devait amener la dispersion de cette assemblée impuissante.

Les chefs du parti doctrinaire emploient leur éloquence à prendre la défense des principes qui pourtant ont occasionné leur chute. Ce qui les a perdus, c'est l'alliance naturelle qui se forme entre la démocratie inquiète et soupçonneuse et la démagogie ardente qui la patronne; cette alliance devint une puissance hostile à laquelle la royauté n'a pu résister.

CONCLUSION.

I.

L'égalité civile et politique équivaut au principe de mettre les emplois publics à l'enchère des talents et des vertus, et de nommer à toutes les places les hommes les plus dignes et les plus capables; dès lors, dans les pays constitutionnels, la proposition de substituer à ce système des institutions plus foncièrement monarchiques sera généralement rejetée, désapprouvée et même inapplicable; mais la politique est une science générale qui n'est pas bornée à régenter seulement quelques pays, et ce qui ne convient pas à l'un peut être utile ou indispensable dans plusieurs autres contrées de l'Europe. C'est donc sous ce point de vue que doit être considéré le problème complexe dont le paragraphe V et dernier de notre conclusion pose la base, et laisse à de plus savants publicistes le soin d'en déterminer les conditions pour en trouver la meilleure solution.

Depuis longtemps les folies de la presse ont rendu les peuples ingouvernables; si l'on résumait les millions d'écrits politiques publiés depuis quatre-vingts ans, on trouverait dans cette polémique littéraire la cause et la matière des révolutions subséquentes qui se modelèrent sur leurs divers principes, et qui n'ont pas dit leur dernier mot. Après tant de tristes déceptions, la politique, trop entichée de préjugés, se berce encore de vaines illusions. Les constitutionnels se flattent que le peuple, plus instruit, acceptera avec le temps la position que la nécessité lui impose, et qu'il deviendra un jour le plus ferme appui du gouvernement représentatif.

Les mœurs démocratiques présentent une image trompeuse de l'égalité des citoyens, et entretiennent cet esprit de mécontentement, d'insubordination, qui a gagné la classe nombreuse du prolétariat. Le danger de l'Europe gît essentiellement dans cette disposition générale du peuple à se soustraire à toute suprématie.

L'action seule des gouvernements ne suffit plus à la sainte et difficile mission d'assurer la tranquillité continuellement menacée. Il est réservé au parti qui se nomme conservateur de préparer le retour à l'ordre par le retour aux idées justes. Cette tâche civilisatrice n'est point au-dessus de la sagacité de tant de savants écrivains, puissants par leur éloquence, dès qu'ils se seront dégagés spontanément des liens qui les rattachent encore par quelques fils à la philosophie politique. Ils ont eu le mérite de combattre beaucoup d'erreurs, mais, pour couronner l'œuvre de la réhabilitation des principes sociaux, il importe qu'ils se défassent des préventions qui les préoccupent pour faire prévaloir les vérités pratiques que l'histoire et la morale religieuse peuvent seules offrir et donner en exemple.

La restauration sociale est un besoin de l'époque autant dans l'intérêt du peuple que des classes moyennes; mais elle ne saurait être obtenue par des mesures intempestives. Elle doit premièrement être accueillie en principe dans l'opinion conservatrice d'un pays pour passer graduellement dans la pratique. Le socialisme, s'il était bien compris et appliqué avec discernement, répondrait à une idée féconde en résultats heureux, car il signifie au fond l'organisation régulière de la société des travailleurs, et non pas l'organisation du travail, comme l'avait régularisé la commission réunie au Luxembourg, sous la présidence du citoyen Louis-Blanc.

II.

Les maximes du passé sont en pleine opposition aux maximes du présent. Montesquieu s'exprime ainsi dans le chapitre IV de l'*Esprit des lois* : « La » noblesse entre en quelque façon dans l'essence de » la monarchie, dont la maxime fondamentale est : » Point de monarque, point de noblesse; point de » noblesse, point de monarque; mais on a un despote! » Il y a des gens qui avaient imaginé, dans quelques » États de l'Europe, d'abolir toutes les justices des » seigneurs. Ils ne voyaient pas qu'ils voulaient faire » ce que le parlement d'Angleterre a fait [1]. Abolissez » dans une monarchie les prérogatives des sei- » gneurs, du clergé, de la noblesse et des villes, » vous aurez bientôt un État populaire, ou bien un » État despotique. »

[1] Les réformes entreprises par le parlement d'Angleterre tournèrent au profit de l'oligarchie, tandis que la première assemblée constituante posait les bases de l'ochlocratie, le pire des États!

La sentence exprimée par l'auteur de l'*Esprit des lois* serait qualifiée aujourd'hui de paradoxe insoutenable; elle renferme pourtant une prédiction qui s'est vérifiée en tous points. La France a passé plusieurs fois de l'État populaire à l'État despotique. Jusqu'à l'année 1789, elle avait conservé, du moins en partie, des formes et des institutions aristocratiques. Les états généraux du royaume, quoique tombés en désuétude, n'étaient pas formellement abolis; les parlements, magistrature suprême, et on peut dire incorruptible par leur composition, exerçaient une heureuse influence sur la fidélité du peuple envers la dynastie, et contrôlaient les déterminations, les édits du roi, auxquels ils donnaient force de loi par l'enregistrement : ancienne coutume, reconnue nécessaire à leur publication officielle. Les divers états de la société, les corporations d'arts et de métiers, avaient conservé quelques-uns de leurs droits, priviléges et prérogatives. Cet échafaudage monarchique croula le jour de la promulgation de la constitution de 1791, qui fit disparaître les derniers vestiges de l'aristocratie.

III.

Le cardinal de Richelieu, en donnant l'exemple de l'excès abusif du pouvoir royal, avait préparé le renversement des trônes. Le despotisme monarchique ne peut se justifier ou se soutenir quelque temps qu'à la condition d'être paternel, juste, sage, ferme, et d'avoir pour appui le respect, l'amour et la reconnaissance des sujets pour leur bienfaiteur, et le père du peuple; mais un tel gouvernement, toujours exceptionnel, est considéré comme un accident fortuit et passager, et non comme un système légal et régulier.

La dictature temporaire devient même dans les circonstances critiques une nécessité, afin d'étouffer les guerres civiles, les dissensions intestines, et d'arriver aux institutions de la monarchie tempérée.

IV.

L'esprit révolutionnaire provient moins des peuples que des erreurs de la politique ; les gouvernements sont généralement tombés dans deux défauts bien contraires : les uns, entraînés par un faux calcul de domination, brisant, écartant toutes entraves gênantes, s'entourent des plus puissants moyens coercitifs pour fortifier, affermir l'autorité et forcer l'obéissance à leurs ordres arbitraires. Les autres, en se jetant dans un excès opposé, placent leur confiance dans la bonté d'un système libéral, oublient que leur premier devoir, leur sécurité, consiste à se protéger eux-mêmes par des mesures de prudence et d'utiles précautions. Ils s'aventurent à entrer en lice, en controverse avec les partis dissidents, en courant risque de s'assujettir, dese plier, d'obéir servilement à leurs exigeants caprices, ou de remettre à d'autres le pouvoir faible et précaire qui leur est bientôt arraché.

V.

Le plus important problème de l'époque actuelle est clair à poser en ces termes :

« Donner aux différentes classes de la société une » organisation hiérarchique, et stipuler les rapports » politiques du corps de la nation avec le souverain, » empereur ou roi, dans un pacte authentique et » solennel, consacré par un serment réciproque » prêté dans la cérémonie du couronnement. »

Trouver la meilleure solution possible de cette proposition peut devenir l'objet de recherches utiles, à l'effet de sortir de la perplexité dans laquelle l'indéfinissable démocratie moderne a jeté la société, et en vue de fonder des institutions plus convenables au principe et à la forme du gouvernement monarchique.

A ces seules conditions peuvent être conciliés les droits respectifs du souverain et de la nation, c'est l'unique moyen de mettre un terme à l'omnipotence gouvernementale, qui a été le fruit des deux écoles, le parlementarisme représentatif et la monarchie pure.

La nation, reconstruite à nouveaux frais sur une base solide, échange l'individualisme contre une forme sociale régulière, et remplace la démocratie par une aristocratie forte par le nombre et l'union de ses membres; puissante par son intervention dans les mesures relatives aux finances de l'État, et par l'autorité qui appartient et revient de droit aux conseils municipaux, en tout ce qui concerne l'administration locale et la police intérieure des villes et des communes. Dans ce système, les classes riches, élevées de la nation, jouissent du privilége d'exercer directement une fraction, une légère part de l'autorité et du précieux avantage de vivre en paix avec la démocratie, dont elles surveillent et protégent consciencieusement les intérêts. Cette aristocratie, riche de ses propres fonds, ne tombe point à la charge du pays, et devient même un rouage économique de l'administration à laquelle elle prend part dans le cercle de ses attributions.

Mais par le cours naturel et par la force impérieuse

des choses, c'est uniquement à la personne du roi, assisté de son conseil d'État, que sont conférés les droits qui constituent les parties intégrantes, inséparables de la haute souveraineté, parmi lesquelles figurent le commandement des armées, le pouvoir exécutif, la police générale, la direction des affaires étrangères et la conclusion des traités diplomatiques.

NOTES SUPPLÉMENTAIRES.

Note A.

Les études sur le gouvernement représentatif en France, par le comte Louis de Carné, sont un travail consciencieux et impartial, très-propre à mettre à découvert les inconséquences qu'entraîna la révolution française. L'auteur s'attache dans cet écrit à signaler le bien à côté du mal, sans oser affirmer lequel l'emporte sur l'autre.

Il est à propos d'en citer quelques passages remarquables : « Dès le lendemain du 14 juillet et de la prise de la Bastille, » l'assemblée constituante fut le seul pouvoir debout sur la » surface du royaume.... Pour l'avenir toute tentative contre- » révolutionnaire était visiblement impossible....

» Il y eut trois révolutions en France, et non une seule, » trois intérêts qui se combattent, trois écoles qui s'excluent » par leurs théories, comme par leur but définitif, trois clas- » ses d'hommes, qui n'ont rien de commun.... Le principe » promulgué le 24 février 1848 n'est pas plus étranger à la » révolution française que celui qui prévalut au 9 août 1830. » Ces deux principes se révélèrent simultanément et se trou- » vèrent en présence, dès le lendemain de la convocation des

» états généraux; ils sont l'origine de la lutte engagée entre » les classes moyennes et les classes populaires, sur les débris » du régime précédent....

» En proclamant plus tard le suffrage universel, la France » prit le contre-pied de toutes les théories que les classes » moyennes avaient fait triompher depuis plus d'un demi- » siècle....

» Les hommes politiques, formés aux affaires, auraient pu » se résigner aux agitations permanentes qui sont de l'es- » sence du gouvernement républicain, et supporter un régime » sous lequel il faut toujours combattre, sous peine de périr; » mais les populations refusèrent péremptoirement à la répu- » blique la loyale épreuve que les partis parlementaires au- » raient consenti à lui octroyer; car le peuple a l'impérieux » besoin d'un gouvernement toujours présent, toujours visi- » ble; on peut hardiment affirmer qu'en France le gou- » vernement direct du pays par le pays est à tout jamais » impossible. »

Enfin la conclusion à laquelle l'auteur arrive est que l'identité de la politique avec la morale, avec l'esprit chrétien et la foi religieuse, devient le dernier mot de nos soixante ans de révolution.

« On peut affirmer en effet que les classes élevées et riches » ne reconquerront la direction politique de la société, qu'au- » tant qu'elles seront retrempées par l'élément vital de toute » sociabilité, la foi religieuse, ardent foyer de la charité popu- » laire. Vivifier l'esprit libéral par l'esprit chrétien, poursuivre » cette œuvre assez haute pour être tentée en commun par » les hommes qui ont reçu leur situation de leurs pères, et » par ceux qui la doivent à leurs propres efforts : tel est le » travail auquel les longues déceptions du passé nous convient » pour l'avenir. »

M. le comte Louis de Carné veut, par ces moyens, ramener et rétablir l'aristocratie des classes élevées et riches; mais comment peut-il espérer rendre la classe populaire inoffensive, lorsque non-seulement les intérêts se combattent, mais que les droits du citoyen se trouvent évidemment lésés?

Le nombreux prolétariat, qui suit l'impulsion des sociétés secrètes, nourrit dans le cœur l'ardent désir d'un changement dans sa position, et se flatte de l'espoir d'arriver au socialisme. De là doit survenir une guerre habituelle et interminable.

Note B.

Dans notre chapitre IV, intitulé : « La vérité sur les principes de 1789, » nous avons attribué la cause de la lutte politique qui détruit la société, à la complexité du problème soulevé par la déclaration des droits de l'homme, à l'esprit de parti, qui, exploitant les diverses interprétations dont cette proposition ambiguë est susceptible, parvient par d'habiles manœuvres, ou par des moyens violents, à faire prévaloir l'un ou l'autre de ces principes, qui, quoique contradictoires, ne sont pas plus étrangers à la révolution française l'un que l'autre.

Toutefois il ne suffirait pas de se borner à blâmer ce qui est blâmable, mais nous avons voulu encore exposer les conditions préliminaires du grand problème gouvernemental, et réserver à des hommes d'État, éminemment savants, expérimentés, puissants par l'éloquence et le talent, le travail consciencieux d'en rechercher la solution pratique et d'en coordonner l'ensemble sur le principe d'une aristocratie légalement établie : c'est en quoi nous différons de l'opinion de M. Louis de Carné, qui prétend rendre aux classes élevées la direction politique de la société, en conservant la démocratie en principe et en établissant l'aristocratie en fait.

Notre tâche a été simple et courte, elle s'est réduite uniquement à reporter l'attention sur les maximes et les idées des temps antérieurs, en recommandant de les approprier autant que possible à l'état des mœurs, des habitudes et des besoins de la société moderne, œuvre sans doute difficile, mais nullement impossible.

Ce système consiste à faire un partage des pouvoirs de l'État, dont celui de déclarer la guerre et de faire la paix appartient nécessairement au monarque, parce que cet acte exige une détermination instantanée de la part des puissances belligérantes, et ne peut être remis à l'examen tardif des chambres délibérantes ; mais d'autre part, la législation et l'assiette des impôts sont du ressort des chambres, qui toutes les deux doivent être électives sous le nom de sénat et de chambre des députés. La pairie héréditaire serait une institution déplacée, parce que ce n'est point une oligarchie, mais une pure et sincère aristocratie qu'il s'agit de former.

Note C.

Le libéralisme, après avoir en 1830 renversé le trône de Charles X, se fit égoïste et s'empara du pouvoir ; il domina pendant dix-huit ans sous le régime parlementaire, puis, en 1848, il succomba sans résistance devant l'ultra-libéralisme républicain, non par ses fautes ou pour des injustices commises, mais par trop de confiance, par l'idée fixe que la constitution de 1830 était devenue le dernier mot, et comme la conclusion logique du grand mouvement de 1789, et que la France était heureuse et fière de voir l'ère des révolutions close à jamais.

C'est encore une de ces nombreuses déceptions qui affligèrent le parti doctrinaire.

TABLE.

www.ingramcontent.com/pod-product-compliance
Ingram Content Group UK Ltd.
Pitfield, Milton Keynes, MK11 3LW, UK
UKHW020305180726
13839UKWH00001B/374